爾雅卷下前

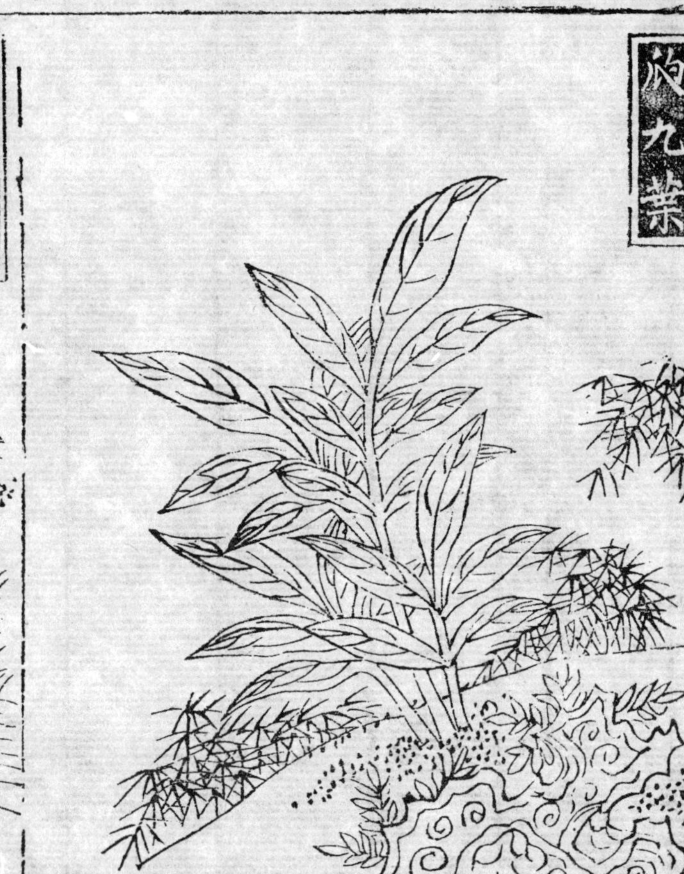

汋九葉

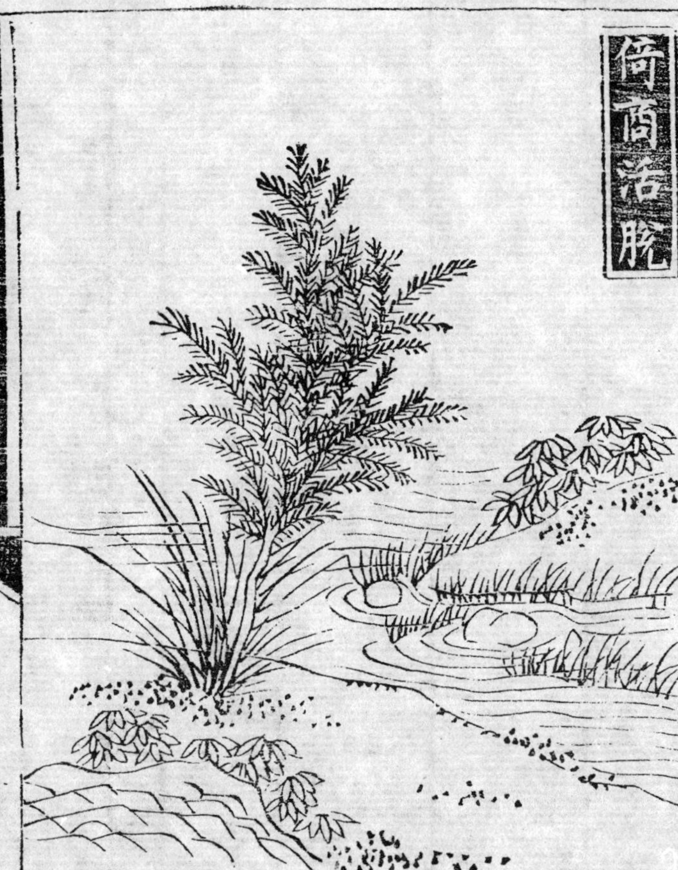

倚商活脫

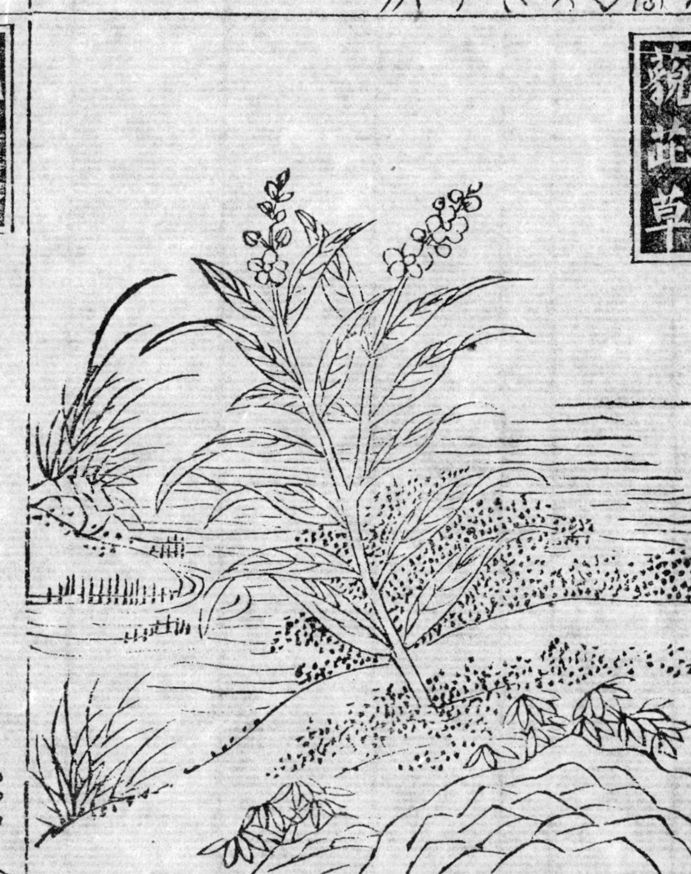

藐茈草

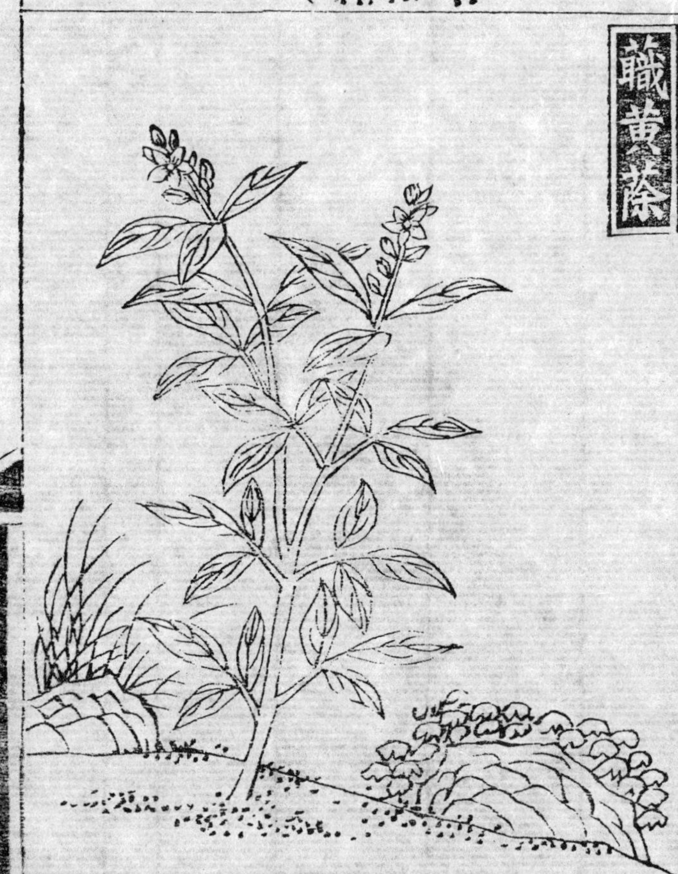

蘵黃蒢

藒車芞輿

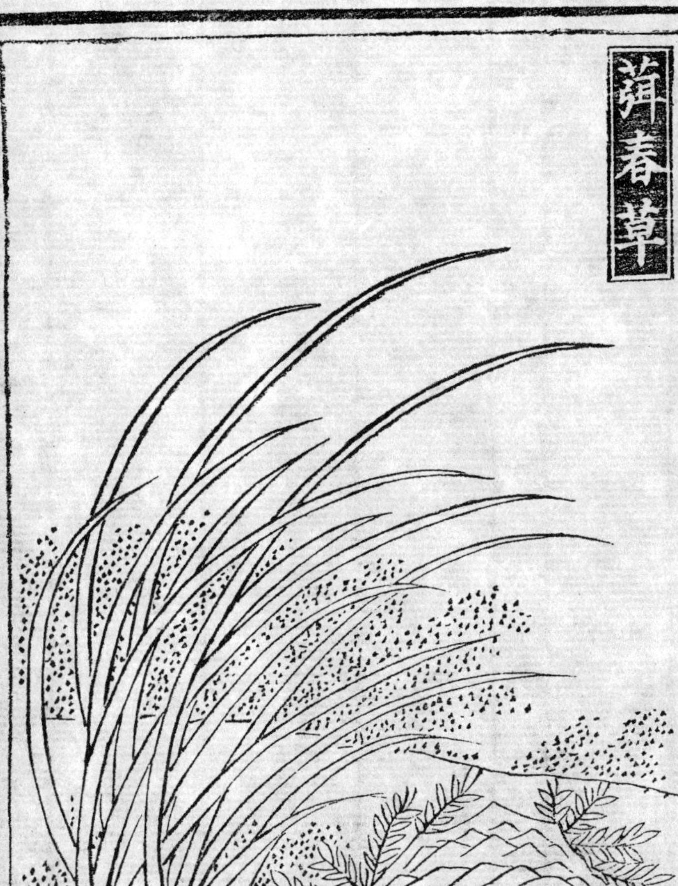

葞春草

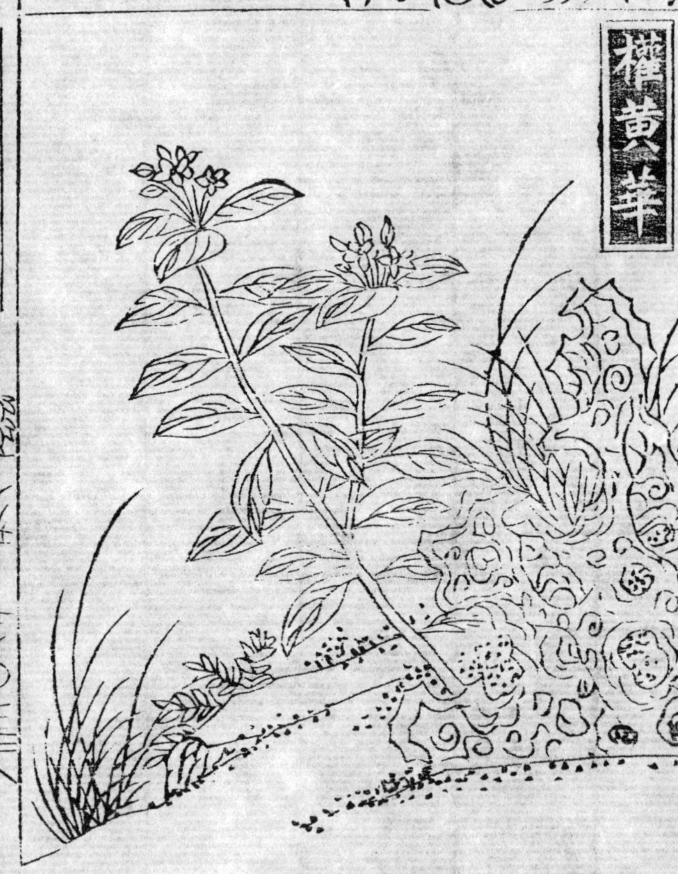

權黃華

蔠葵蘩露

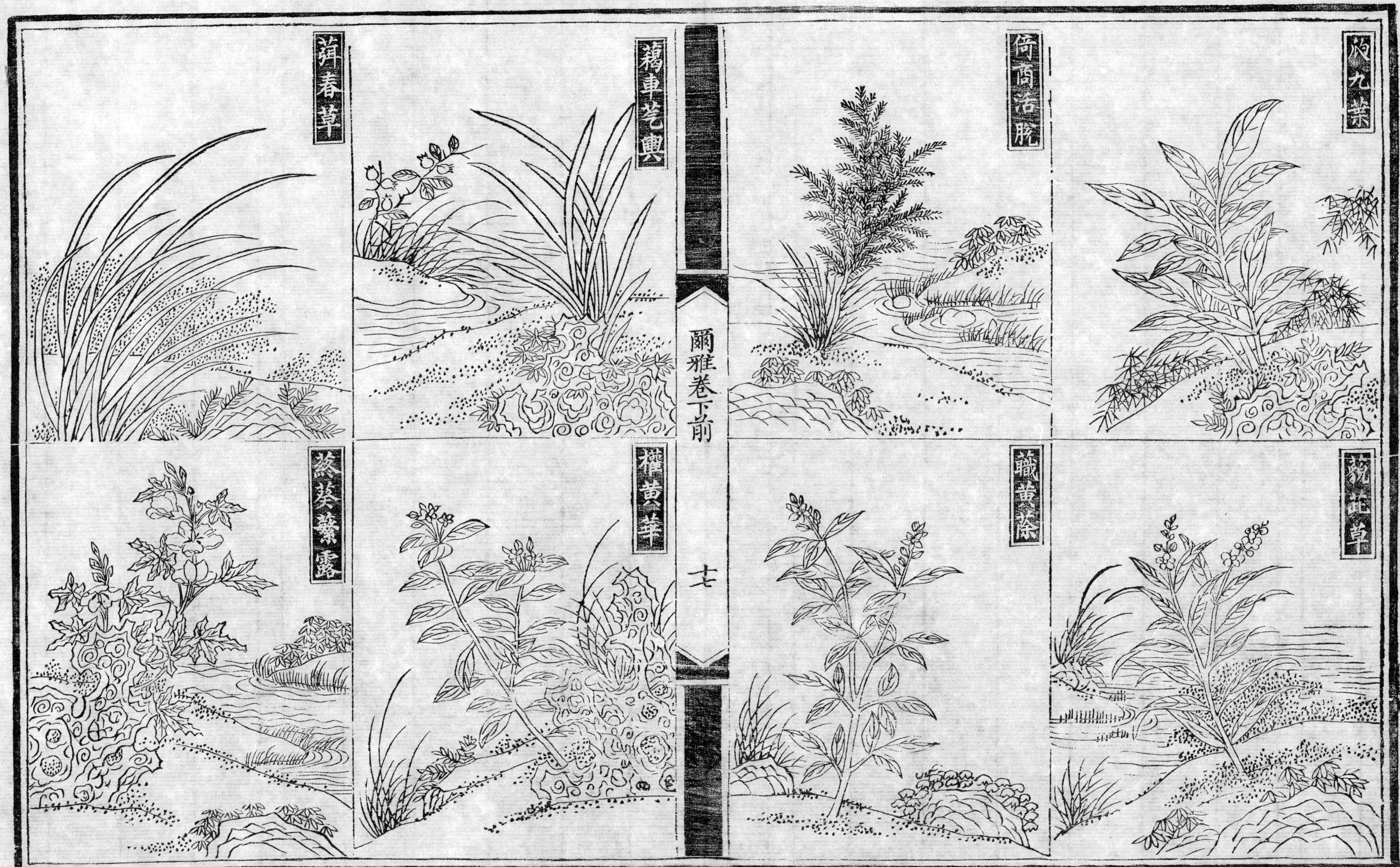

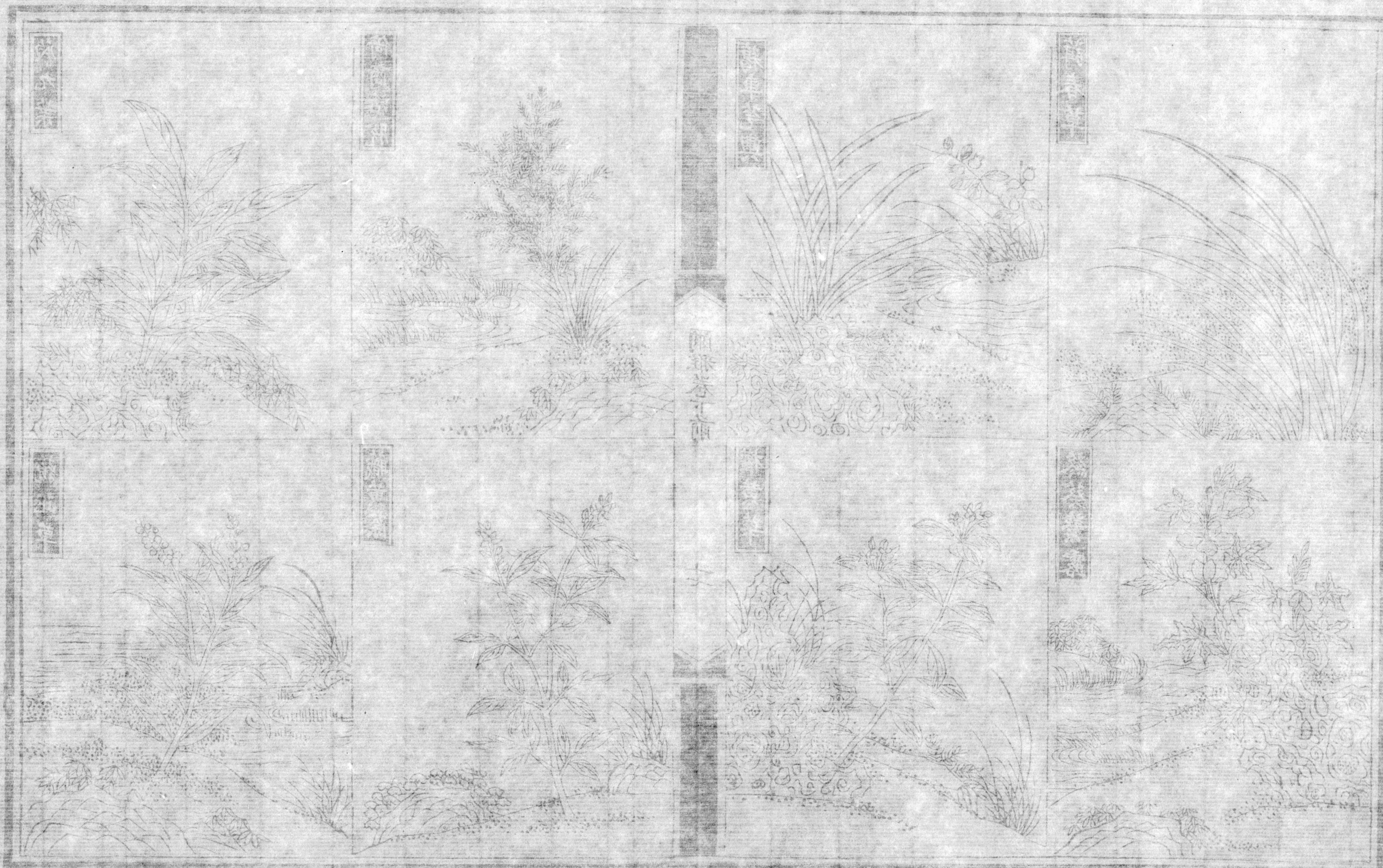

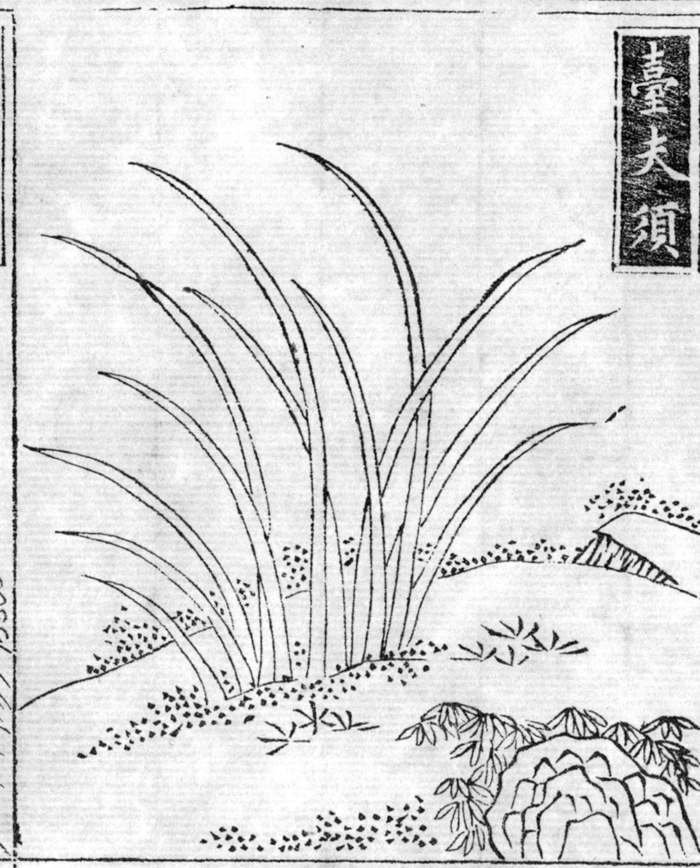
臺夫須

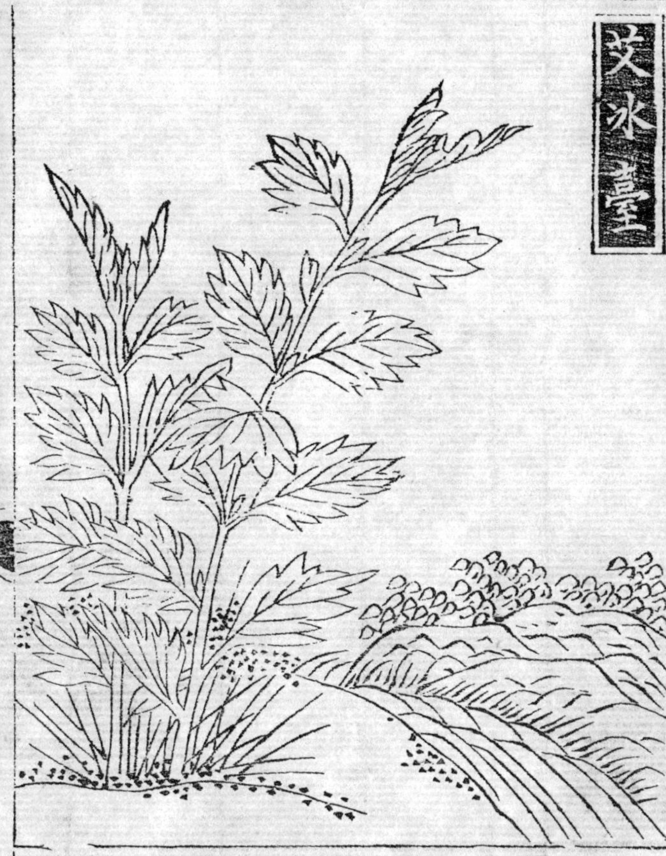
艾冰臺

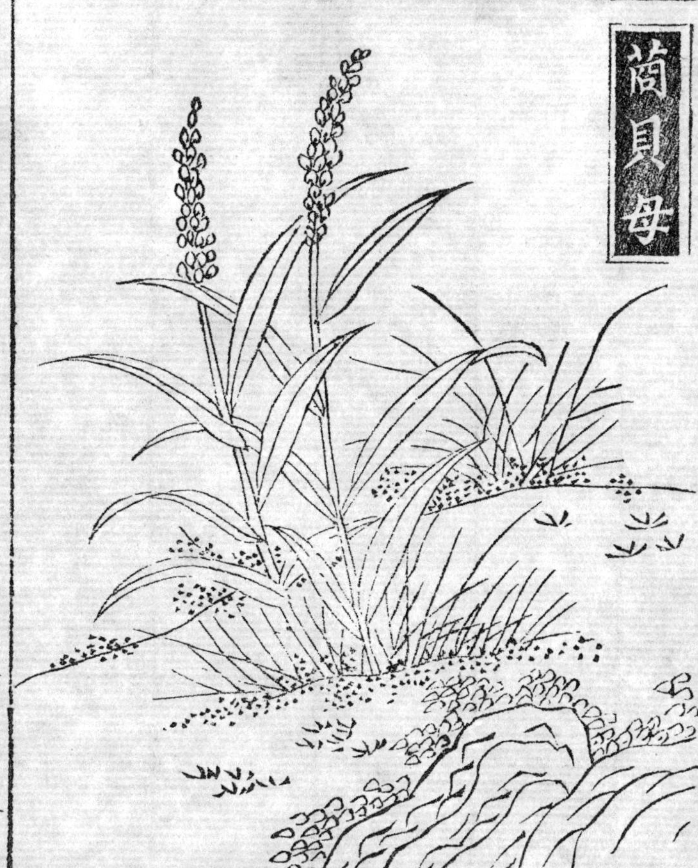
莔貝母

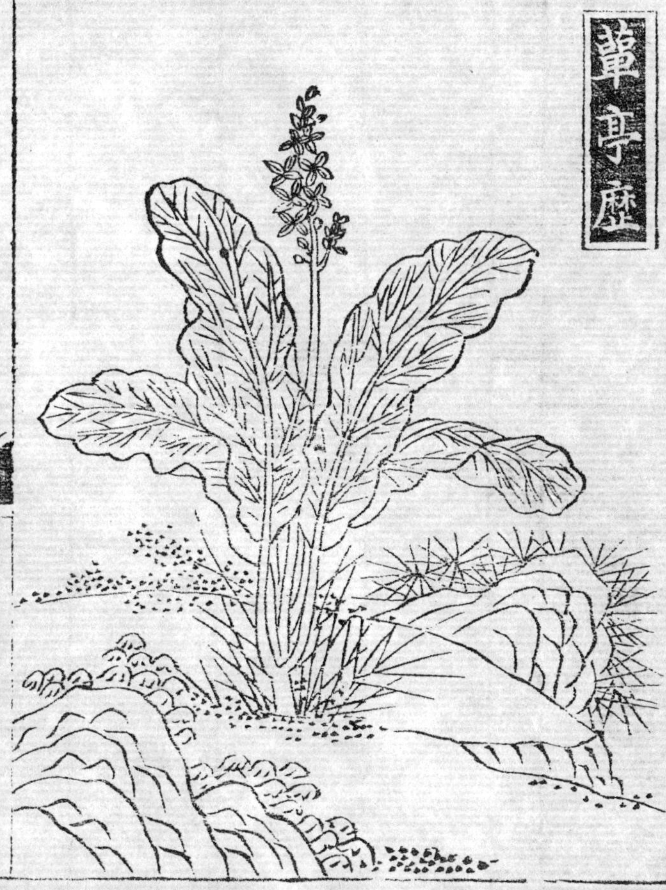
蕈亭歷

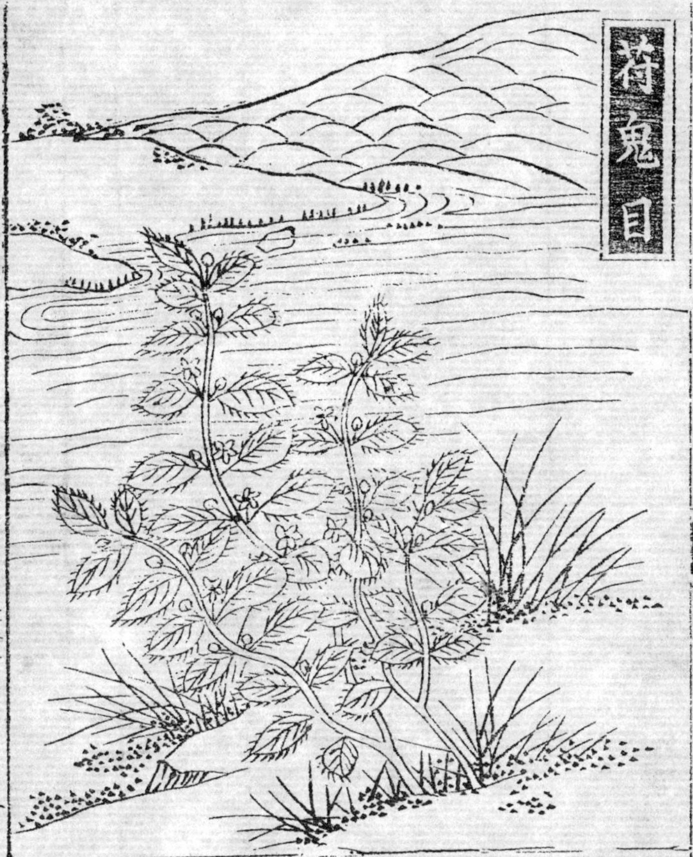
苻鬼目

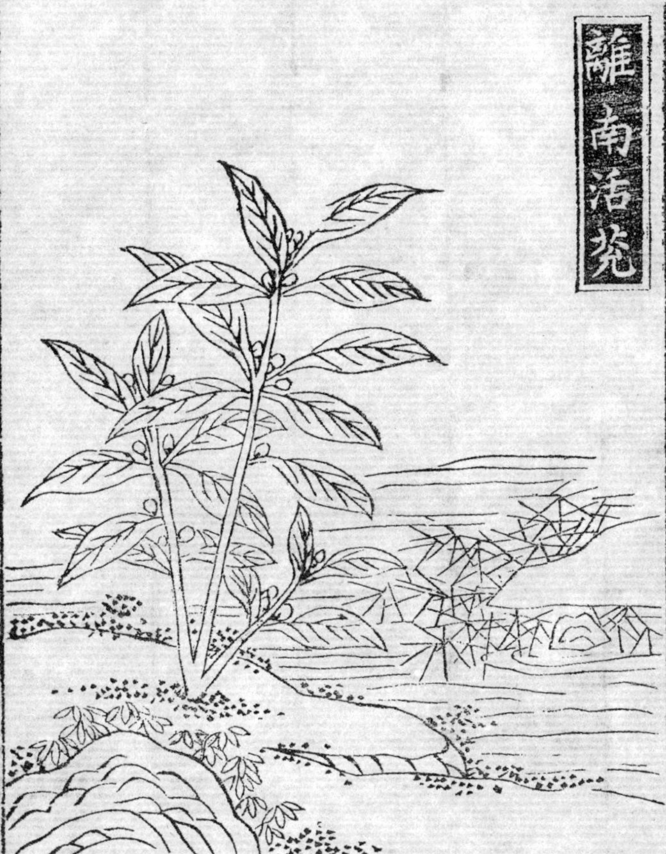
離南活莌

蔜薞蔞

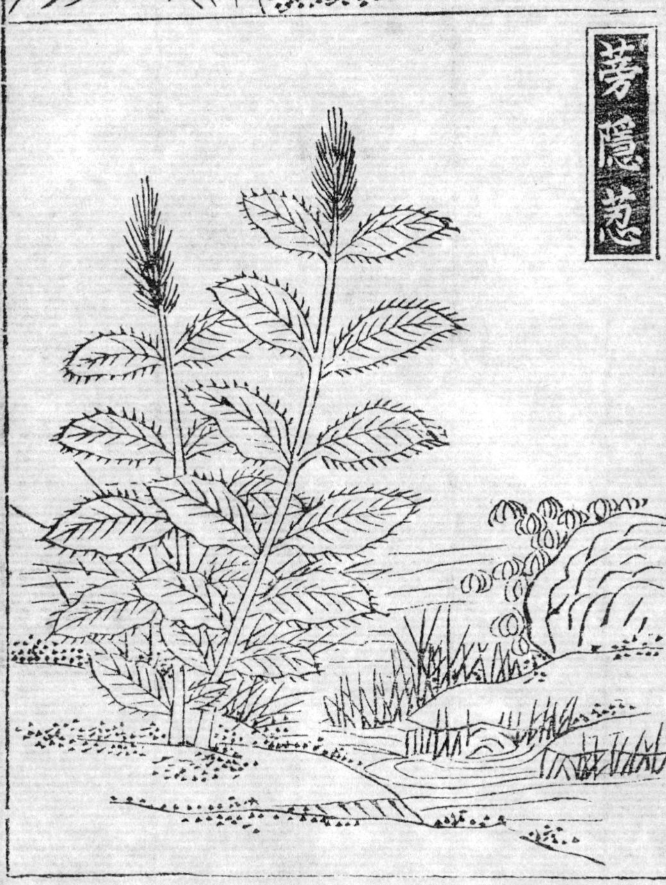
蒡隱葱

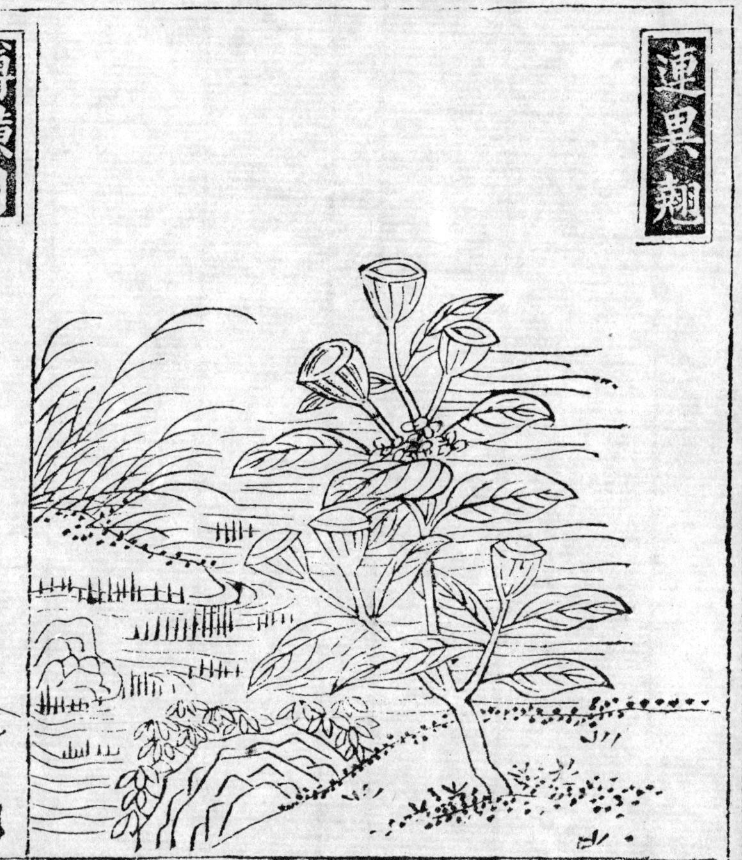
連異翹

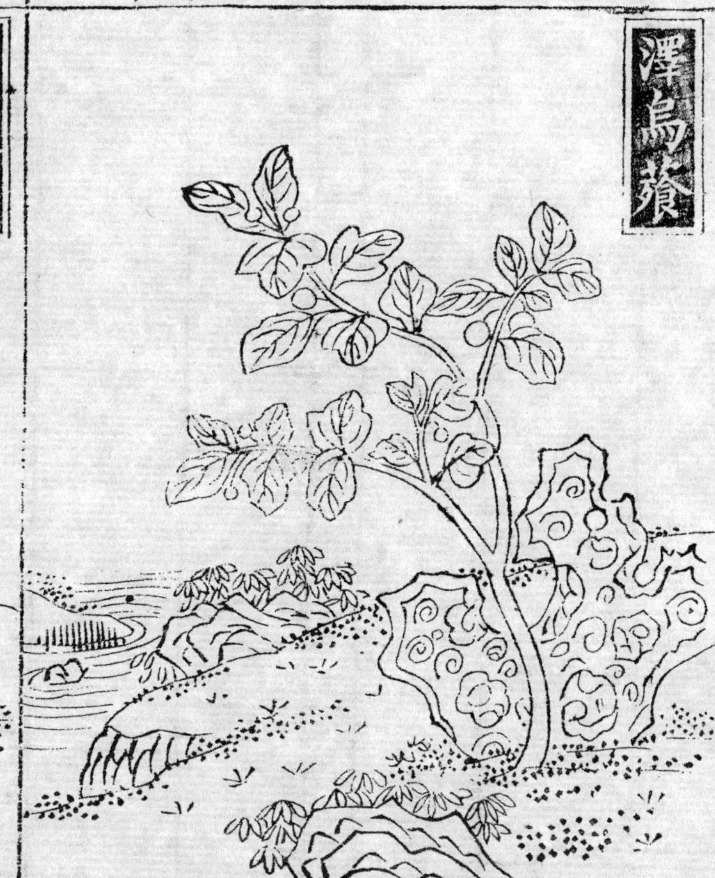
澤烏蕵

傅橫目

藿蔓華

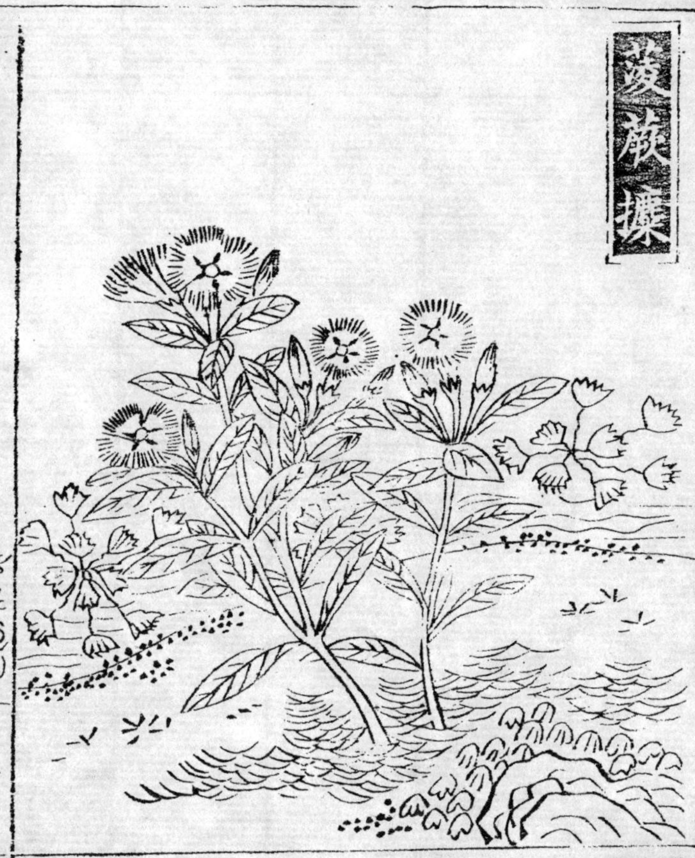
蔆蕨攈

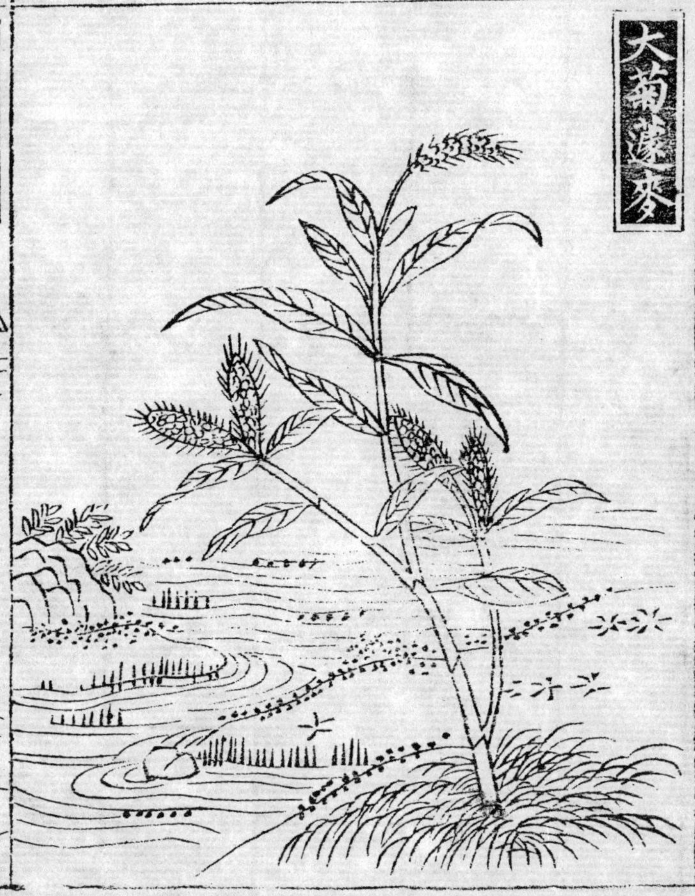
大菊蘧麥

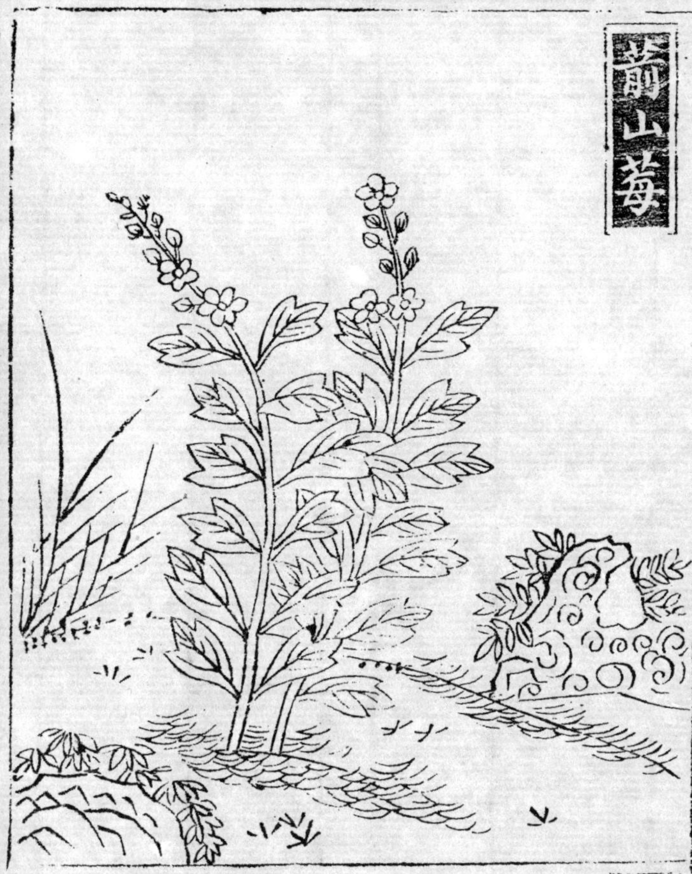
葥山莓

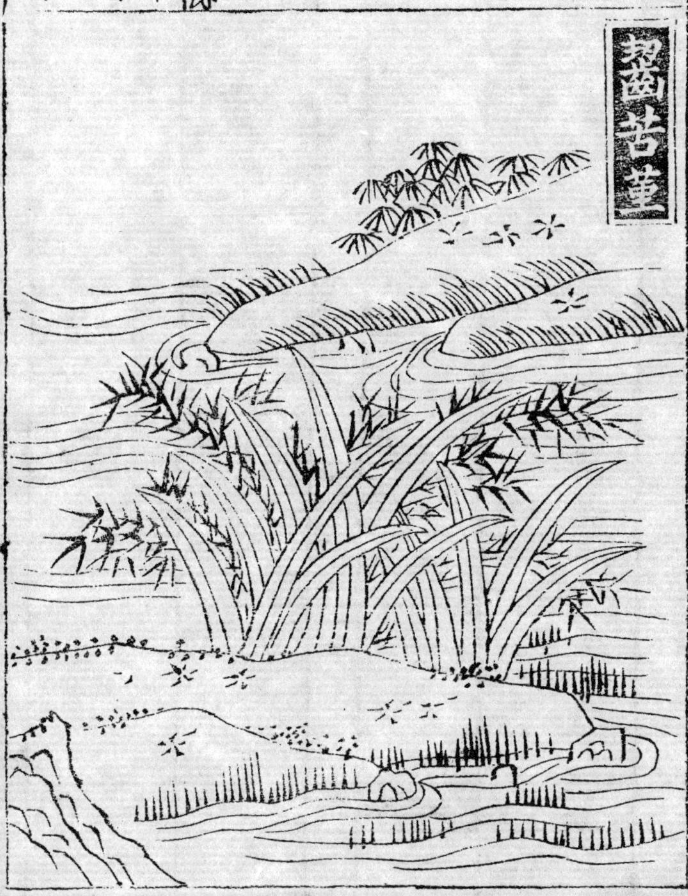
齧苦堇

圖本草

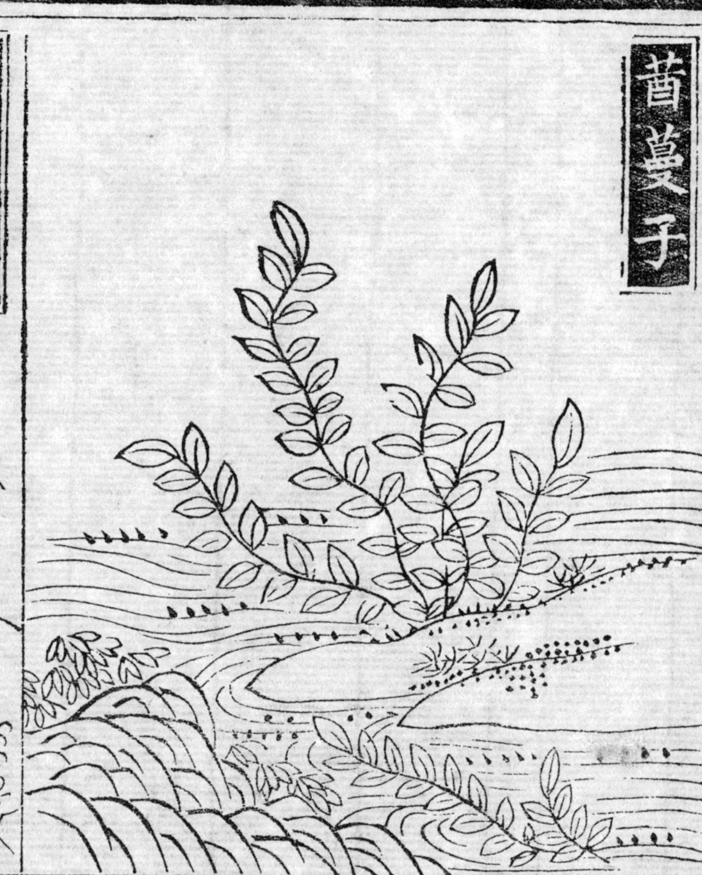
莤蔓子

菡蘆

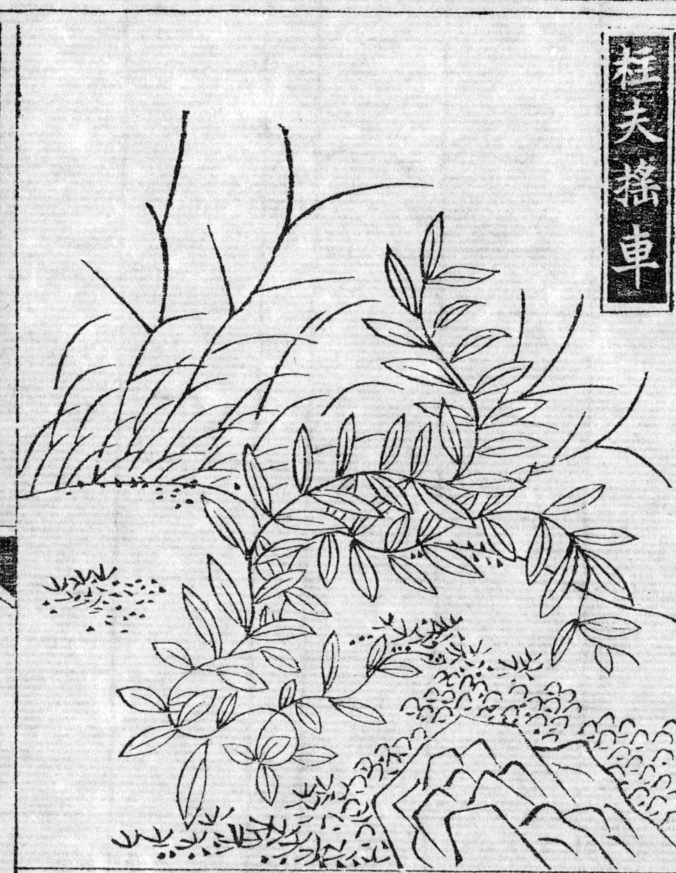
柱夫搖車

出隧蘧蔬

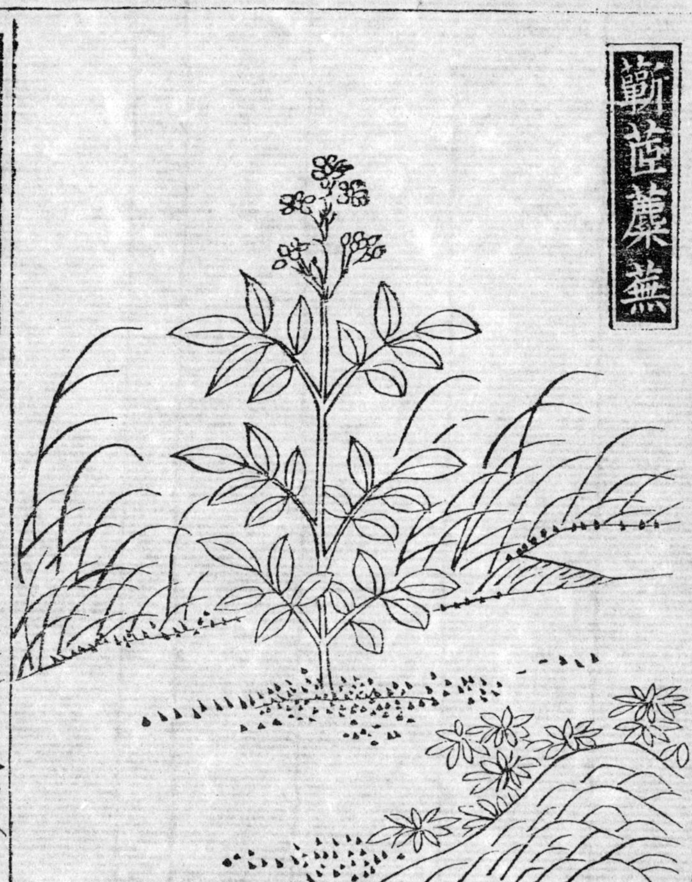
蘄茝蘪蕪

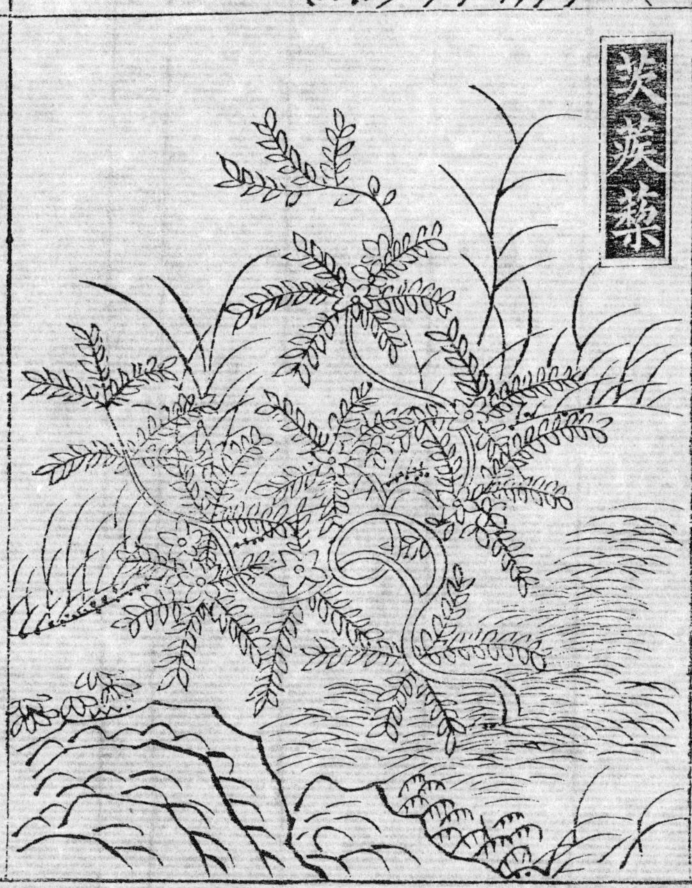
茨蒺蔾

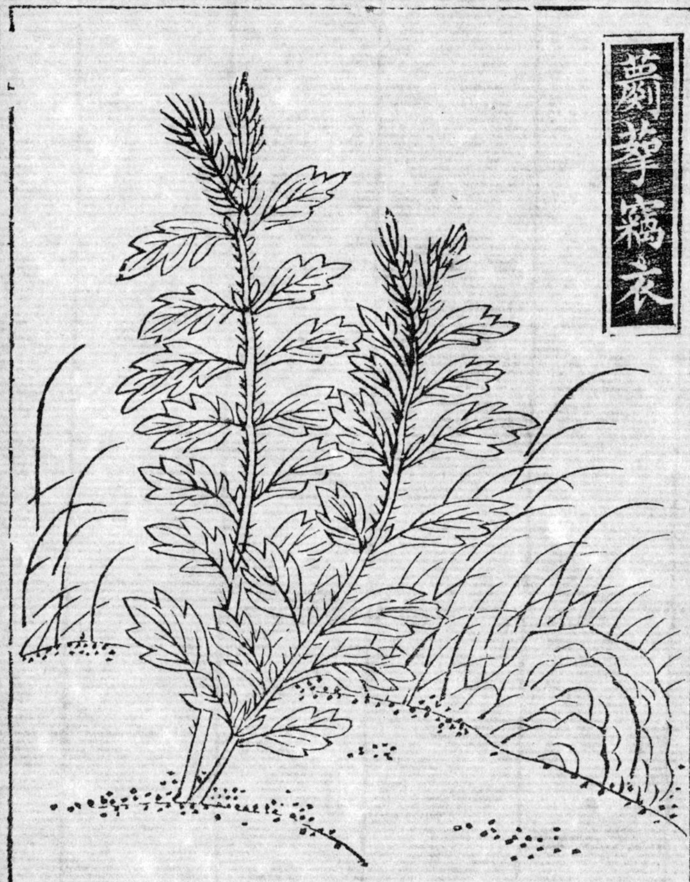
蘮蒘竊衣

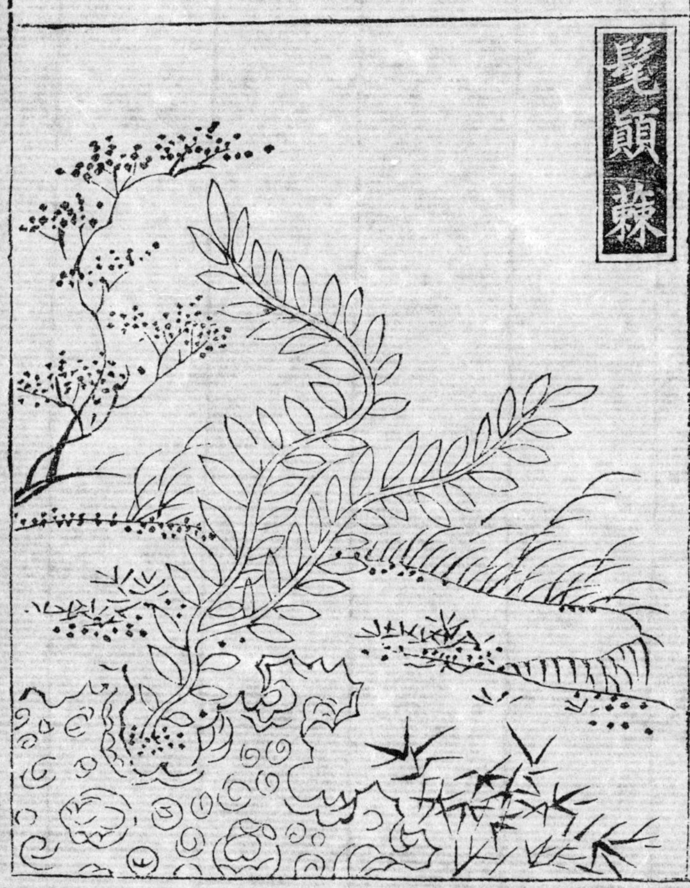
髦顛蕀

十

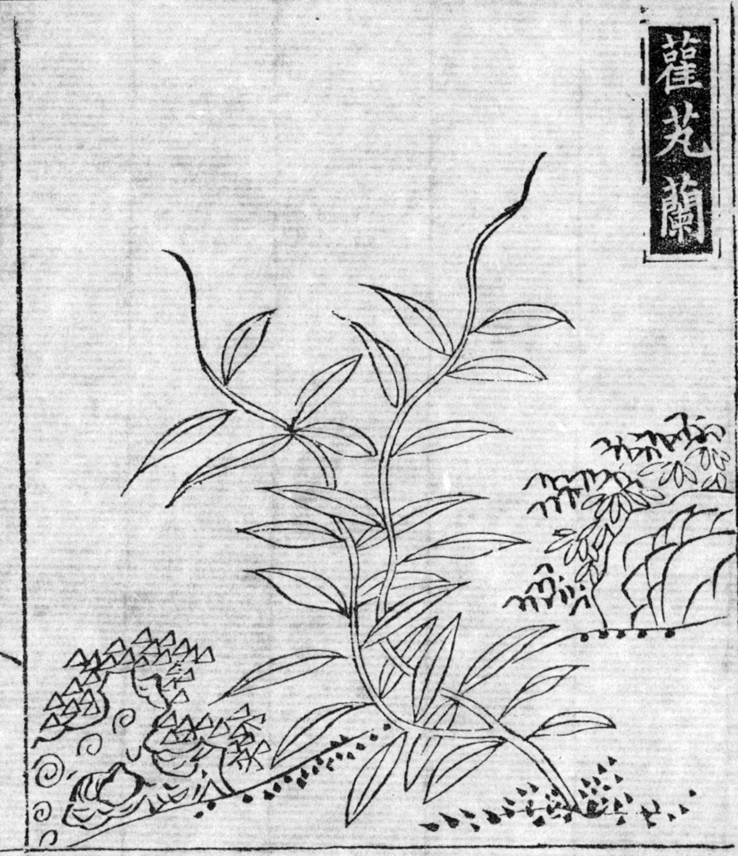
雚芄蘭

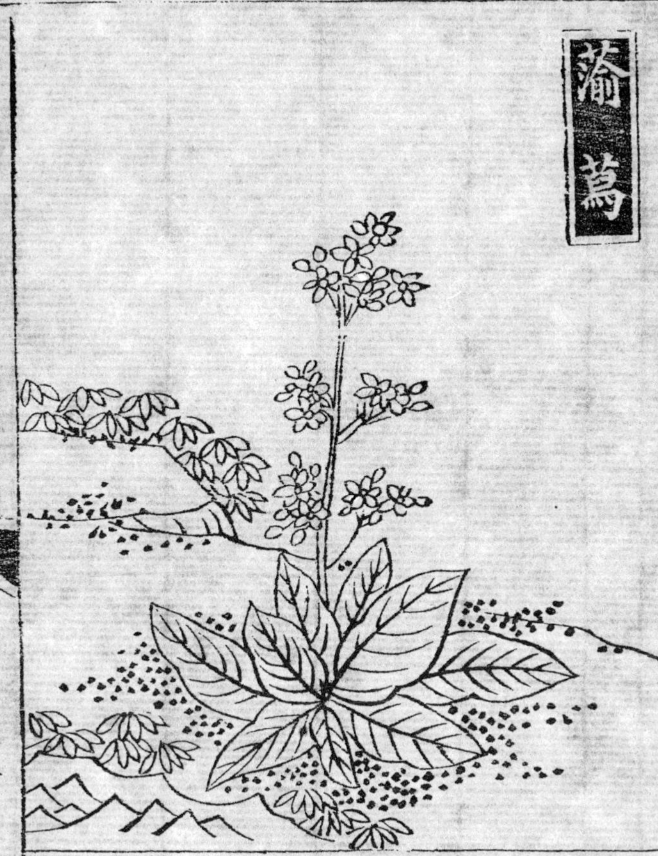
蕍蕮

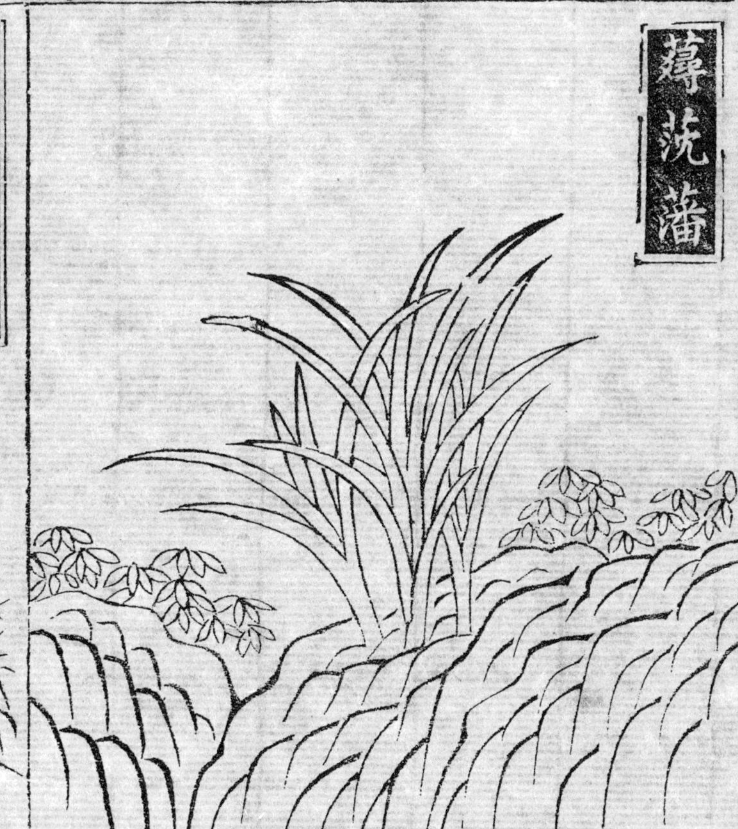
蕁茺藩

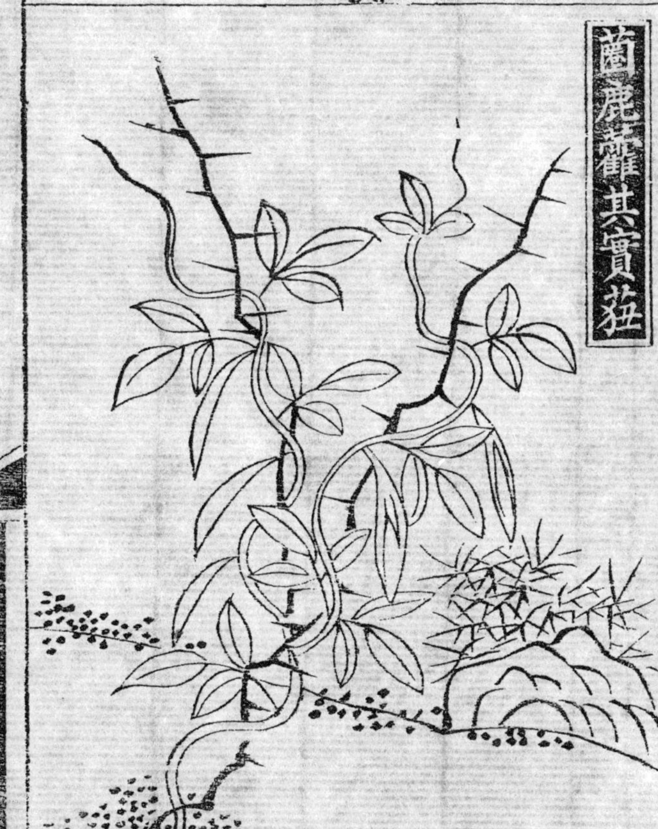
蔨鹿蘿其實莥

薃侯莎其實媞

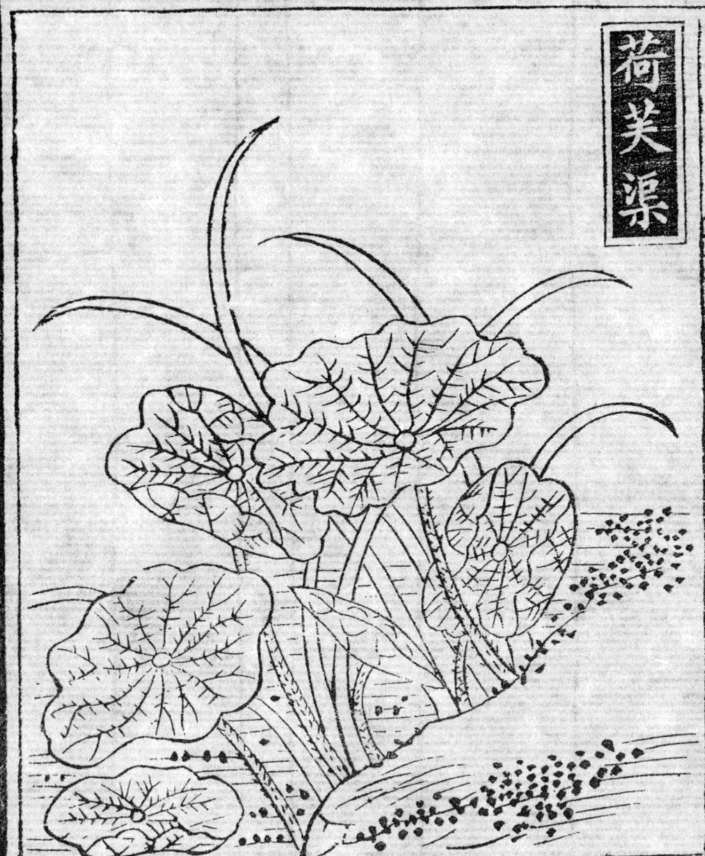
荷芙渠

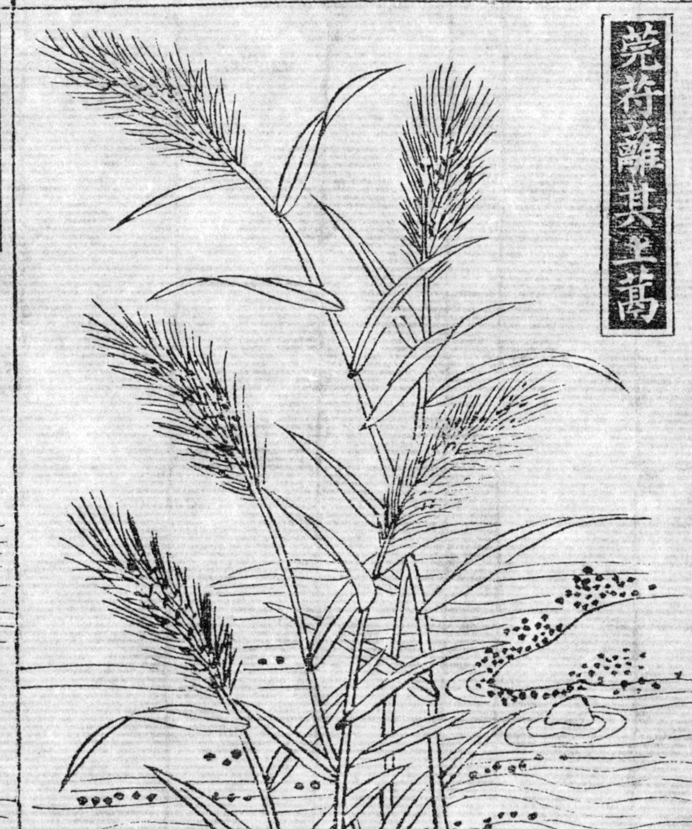
莞苻蘺其上蒚

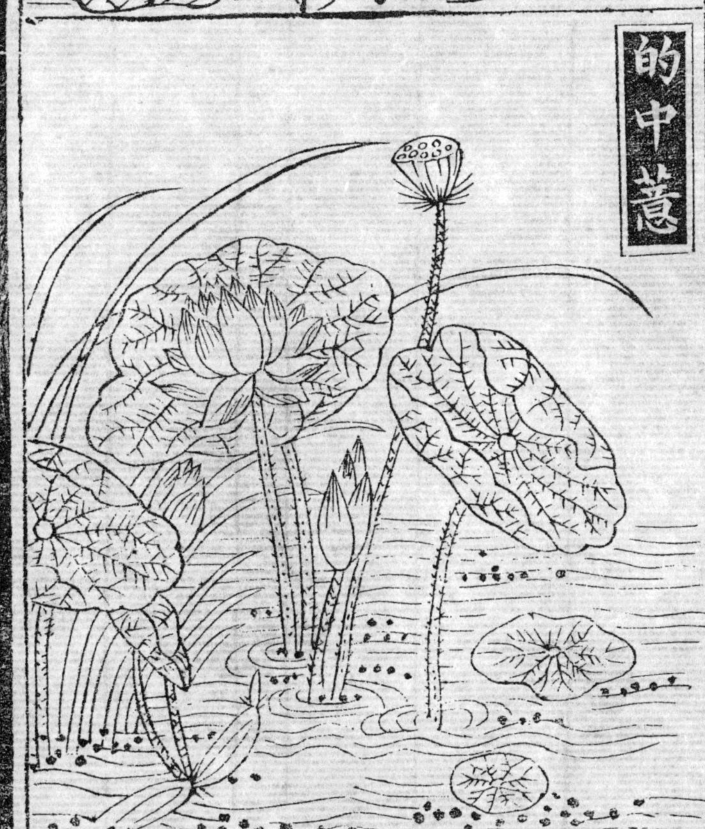
的中薏

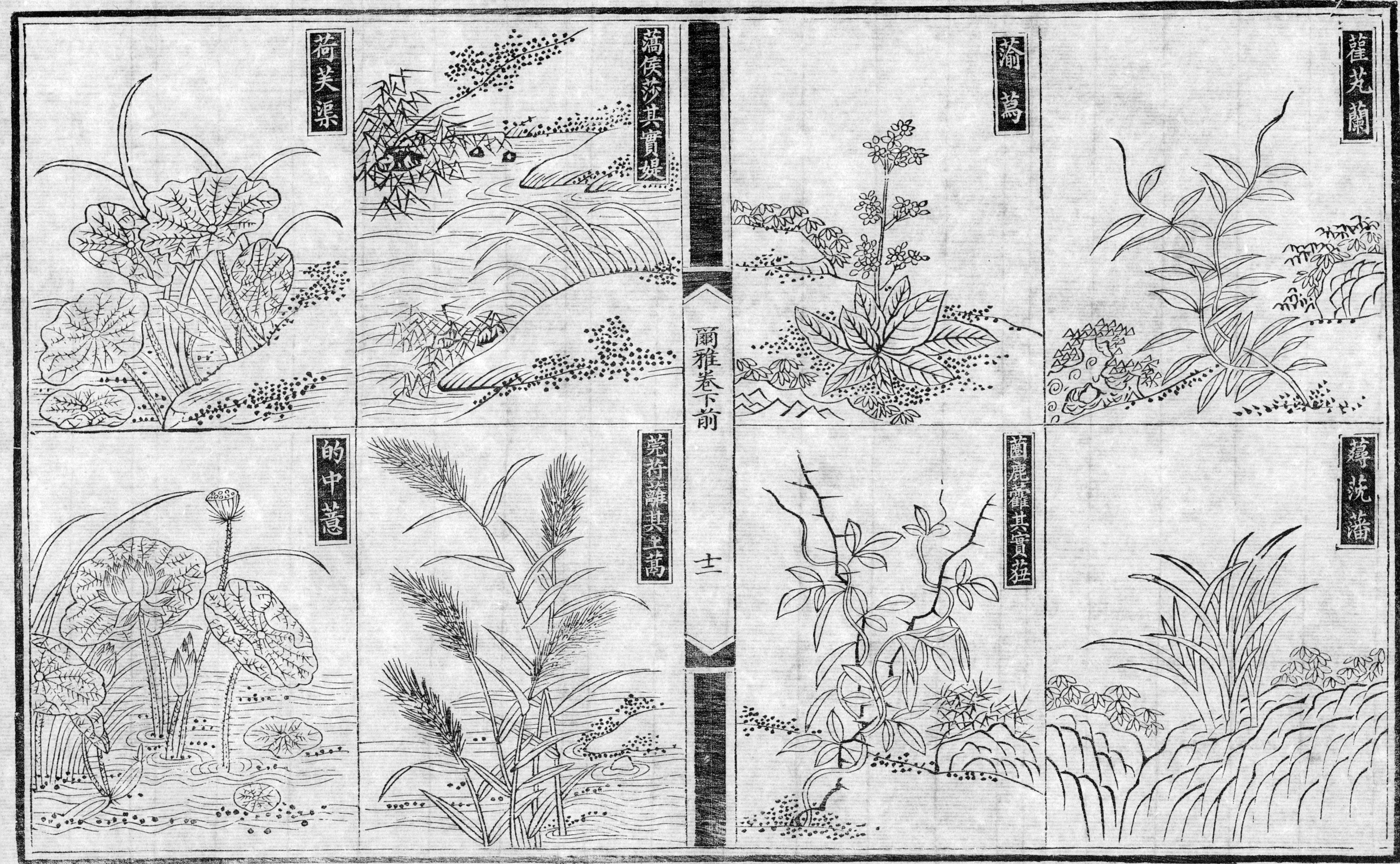

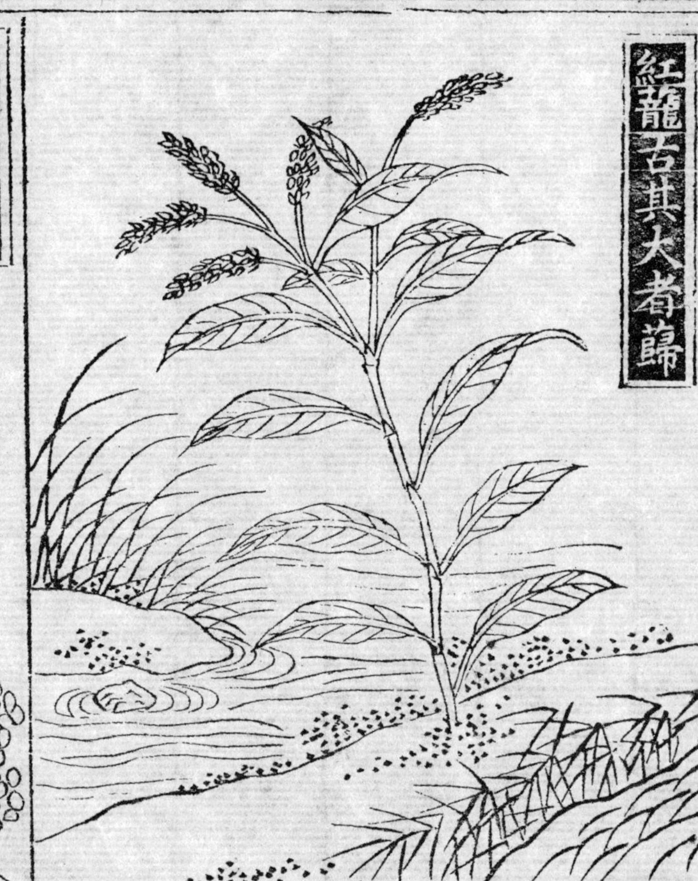
紅蘢古其大者蘬

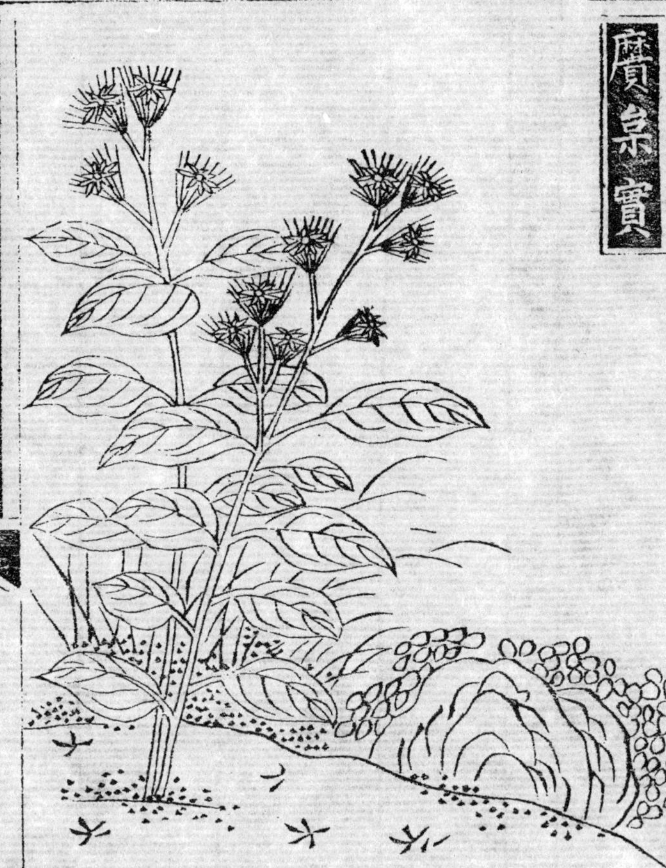
黂枲實

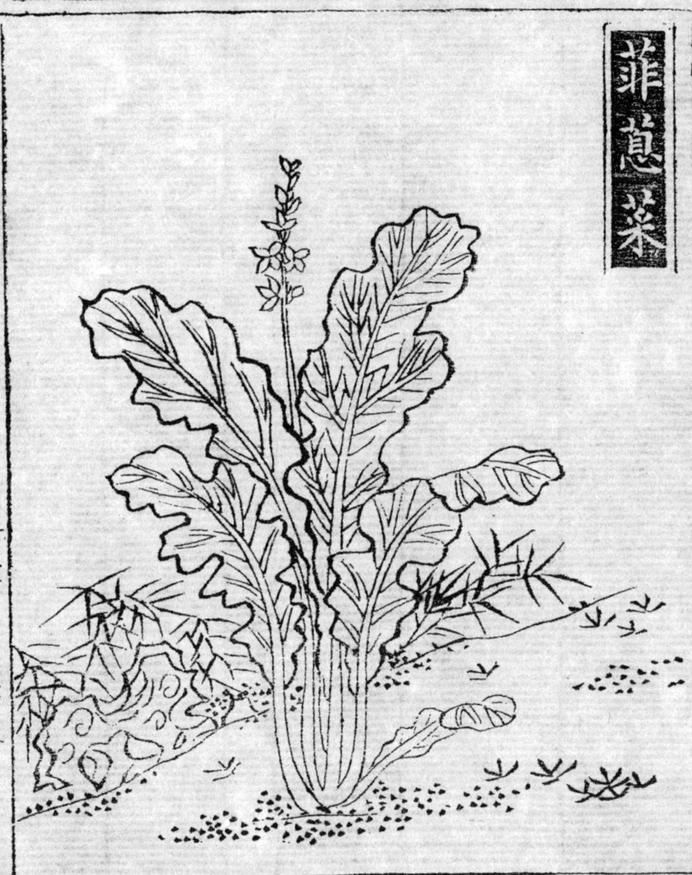
菲蒠菜

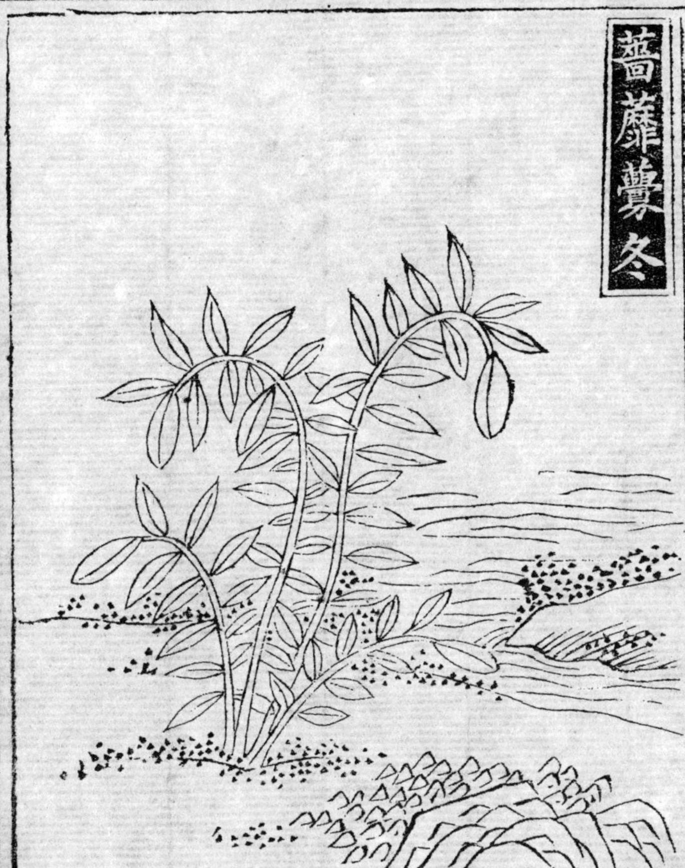
蘠蘼虋冬

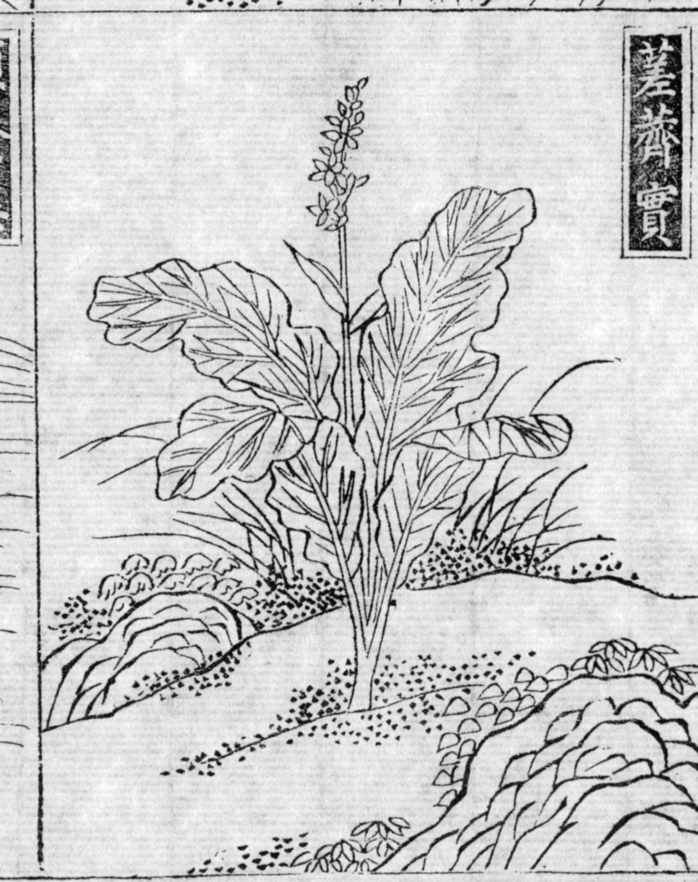
蒫薺實

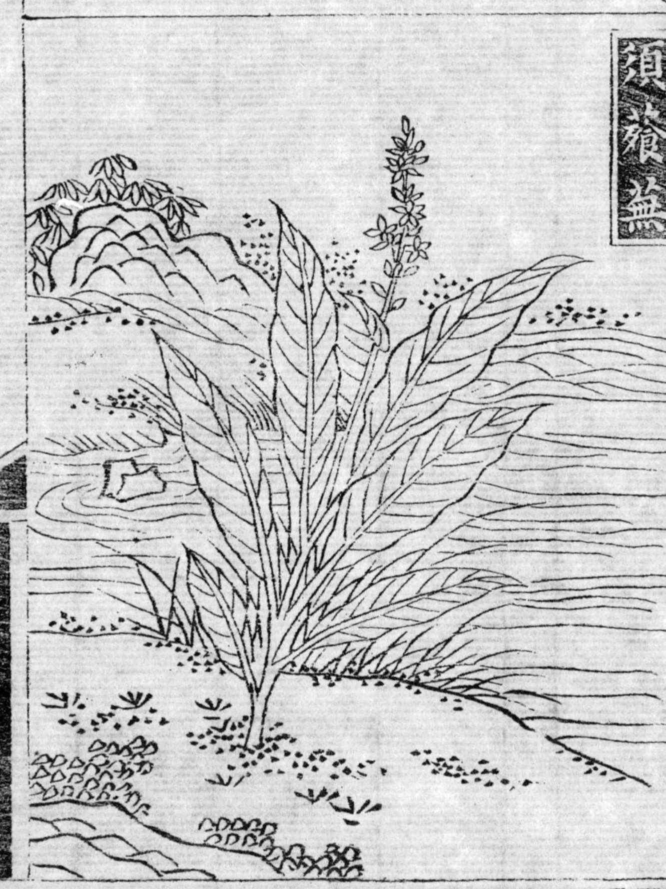
蕦薞蕪

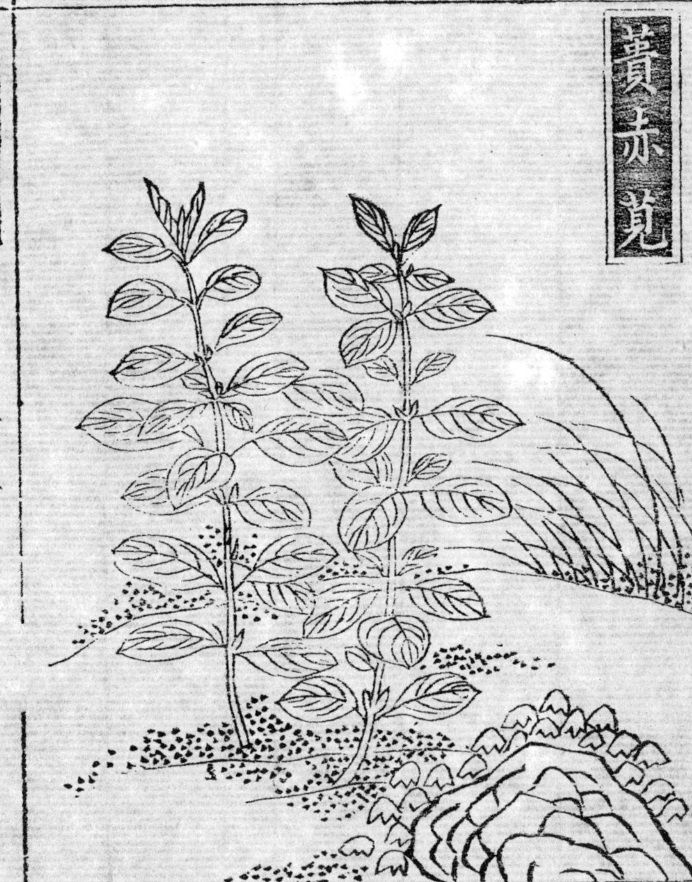
蕢赤莧

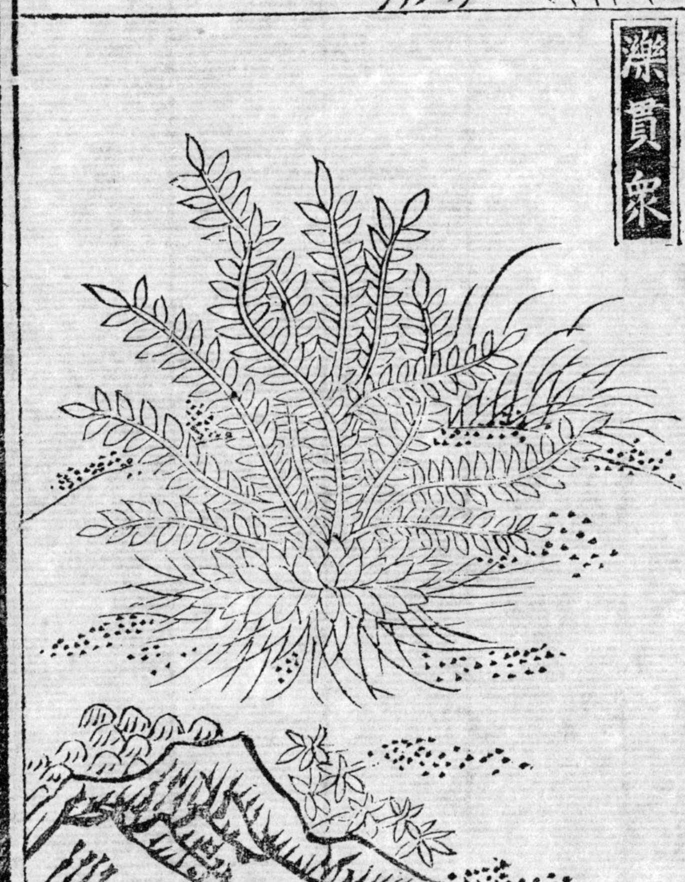
濼貫眾

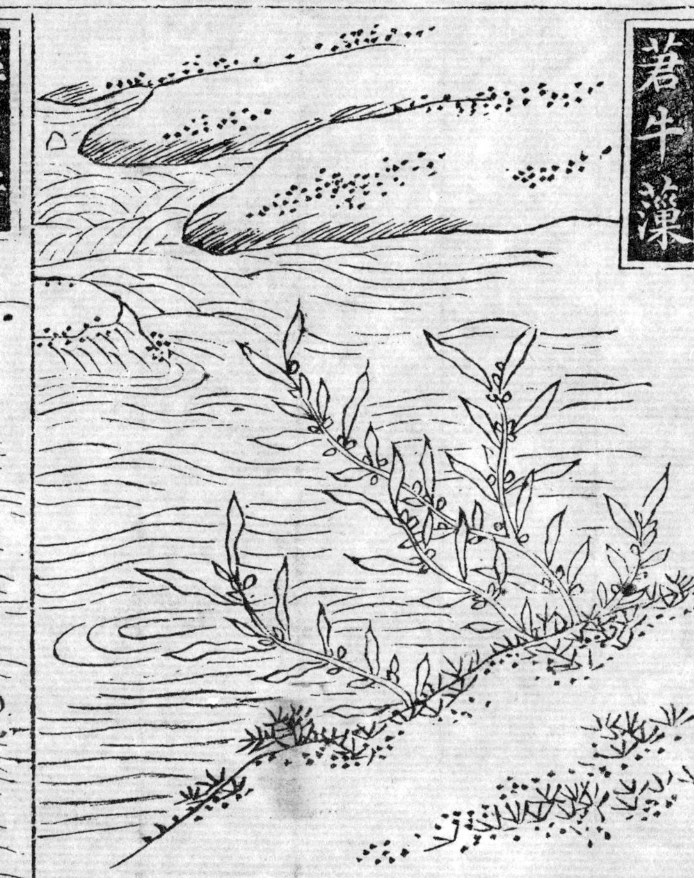
莙牛藻

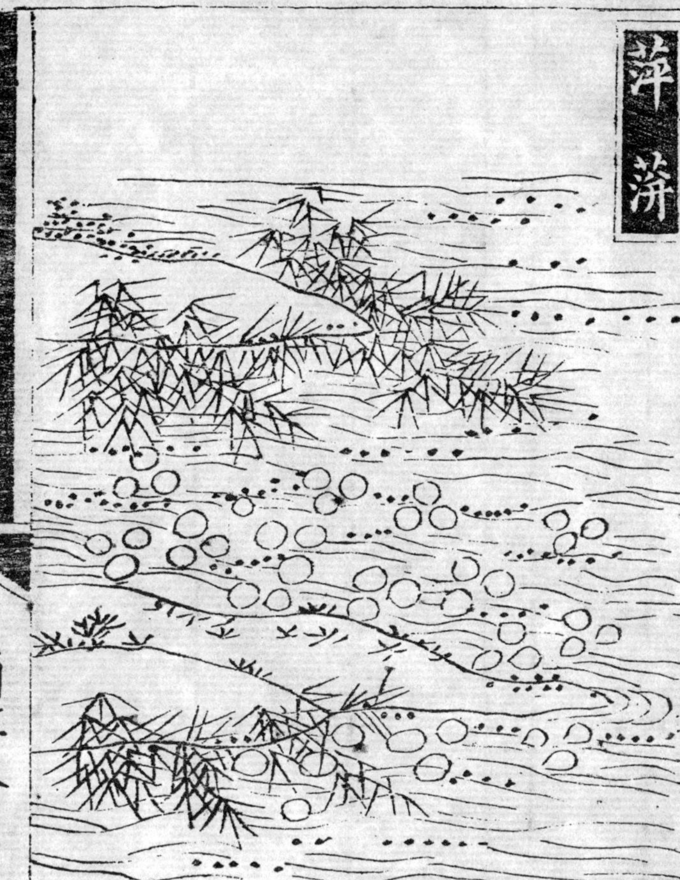
苹蓱

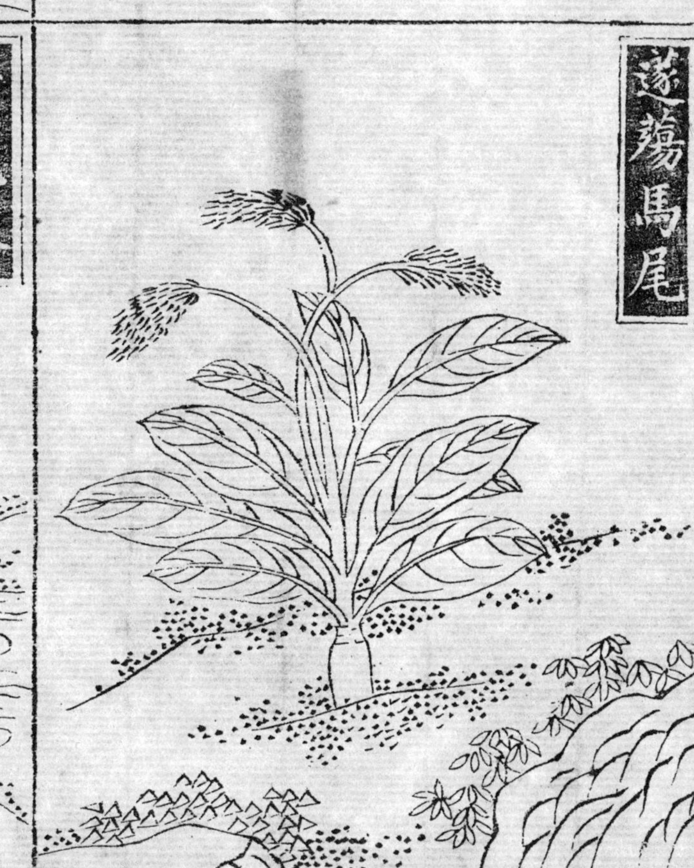
蓫薚馬尾

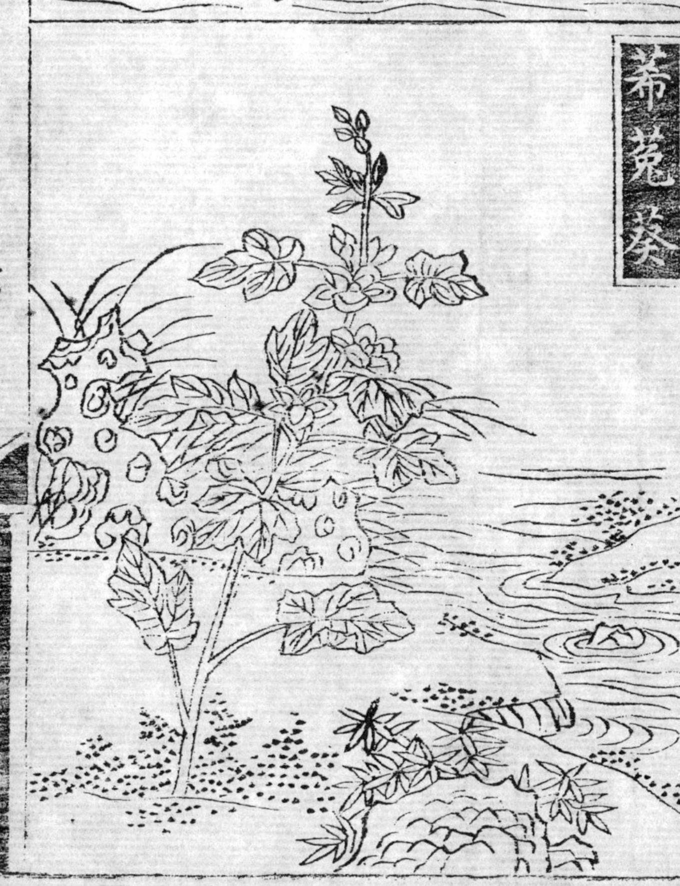
莃菟葵

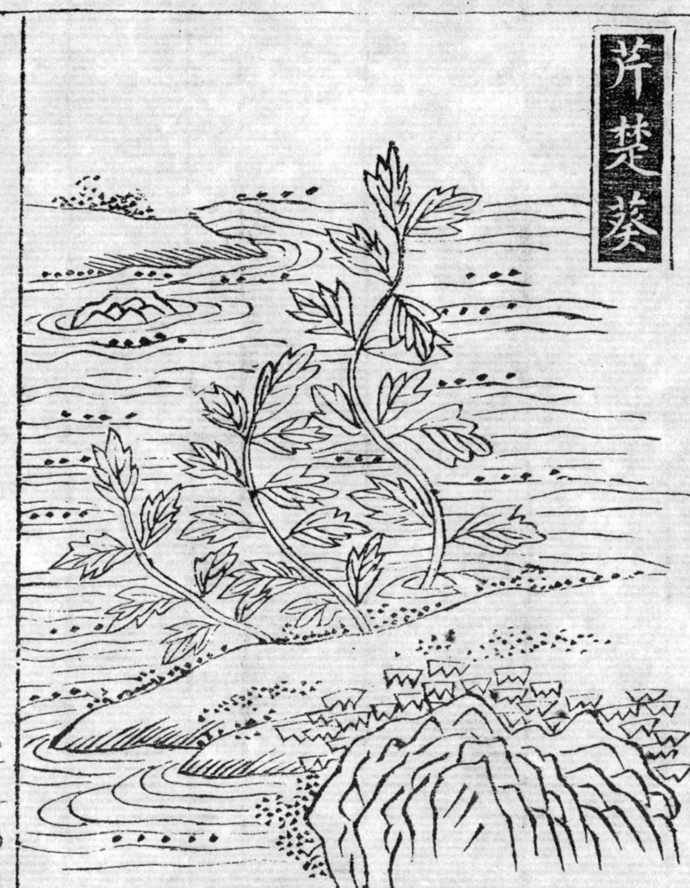
芹楚葵

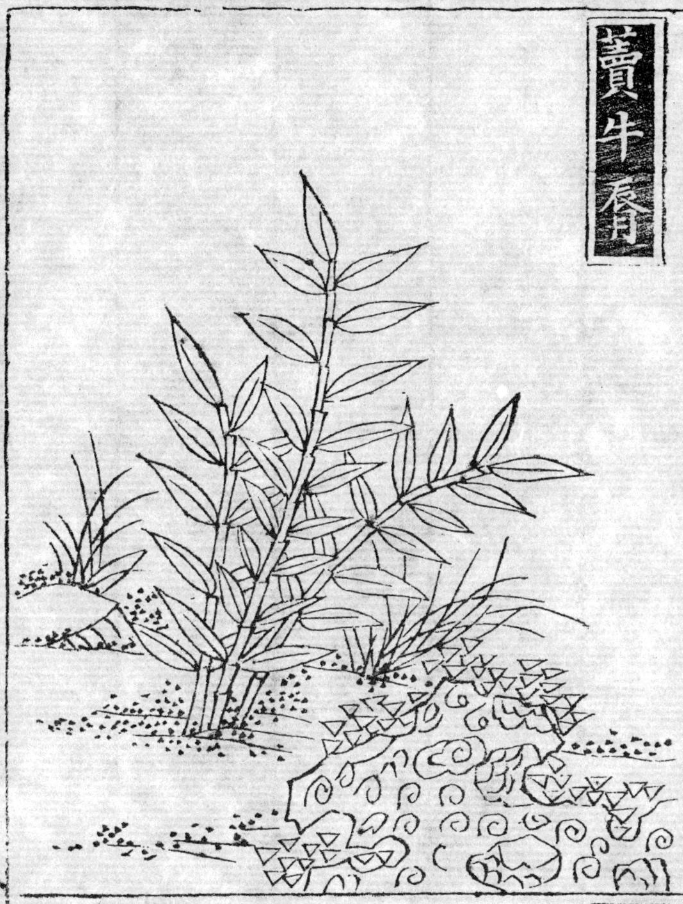
藚牛脣

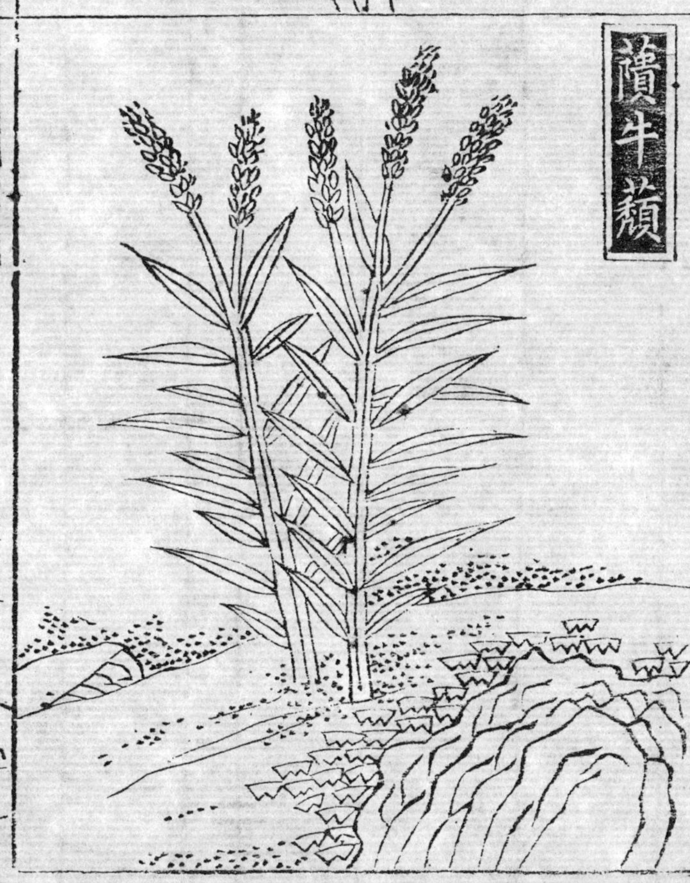
藬牛蘈

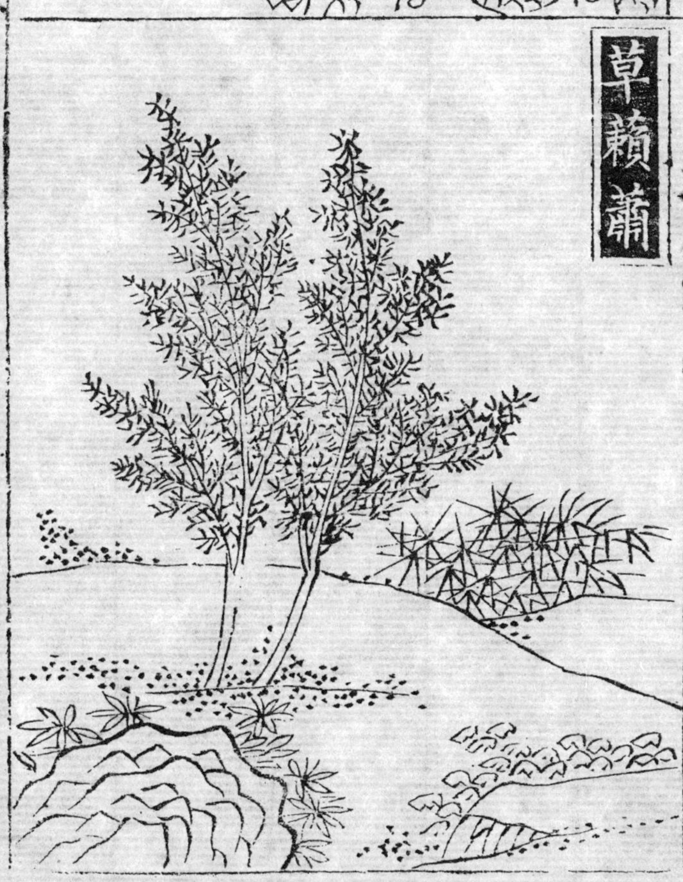
草藾蕭

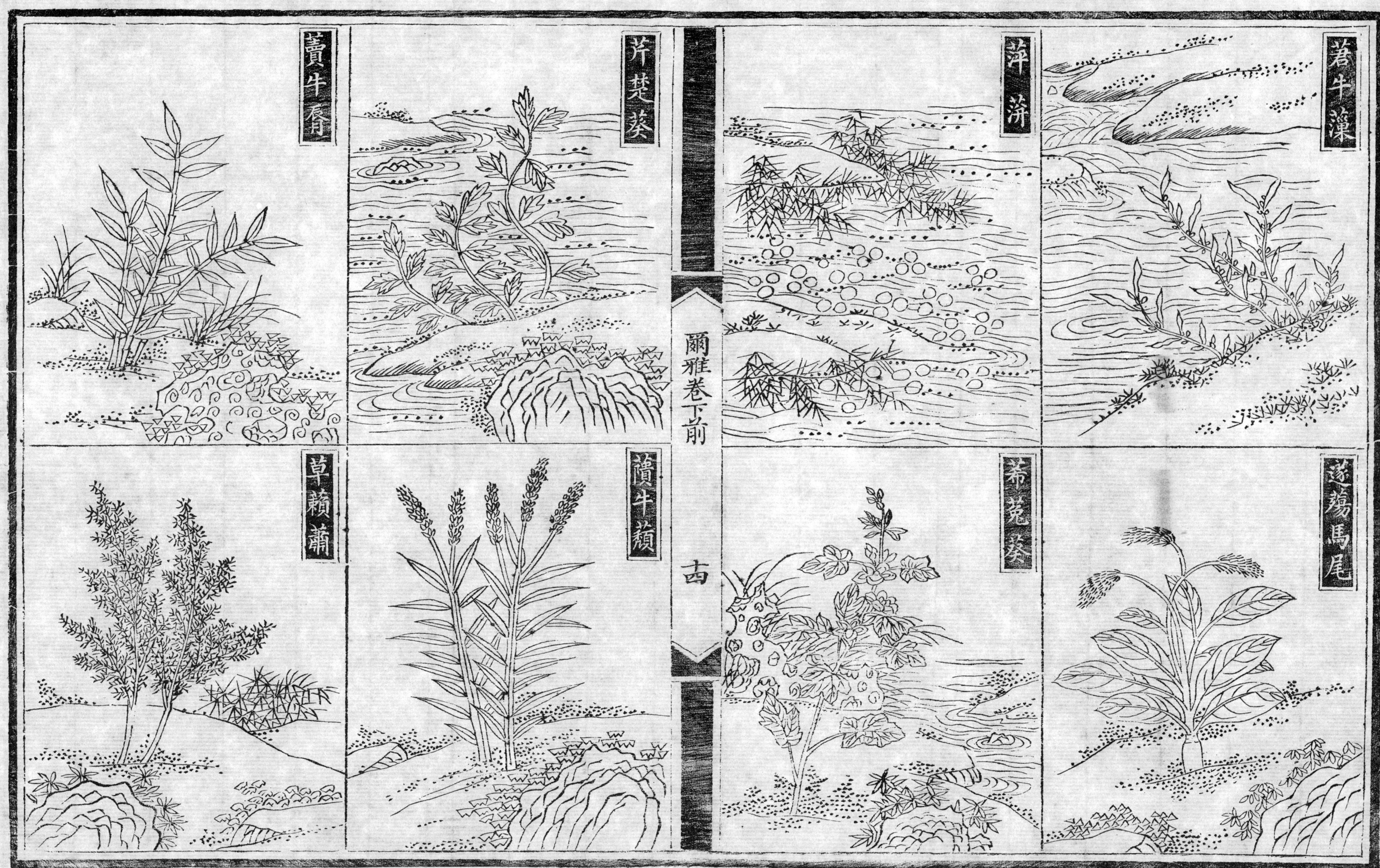

菋荎藸

皇守田

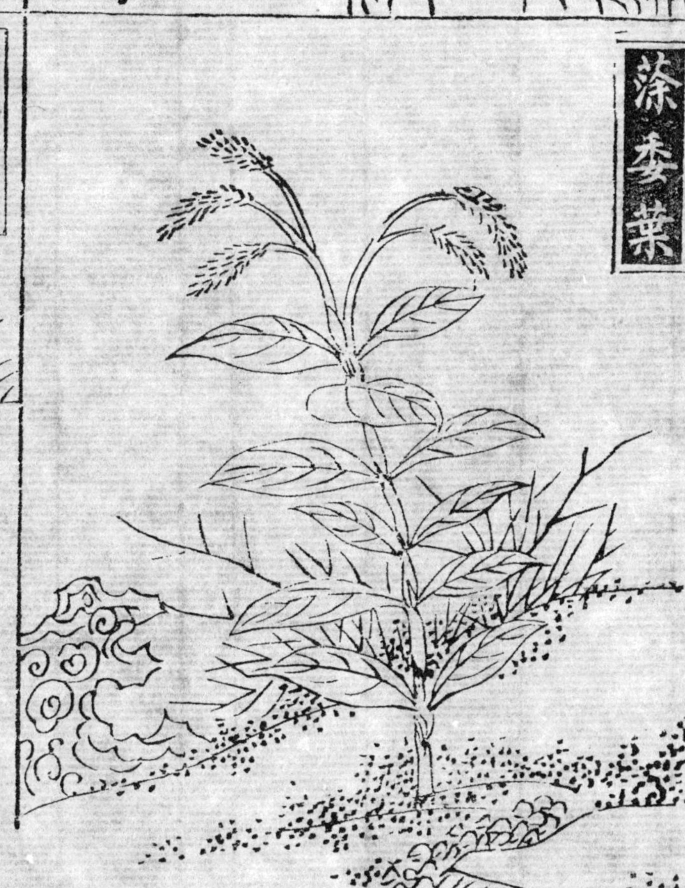
蒤委葉

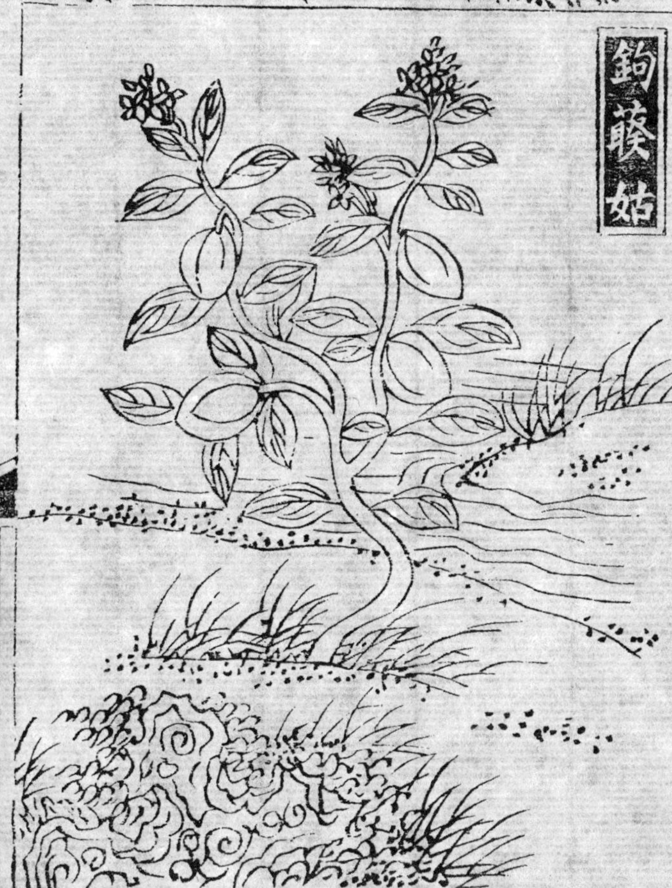
鉤藈姑

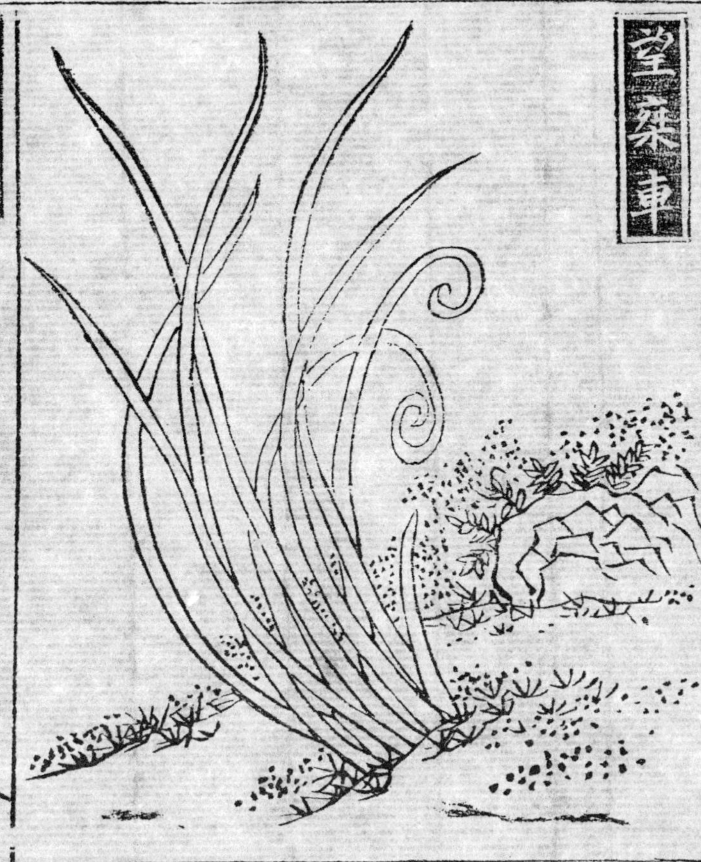
望乘車

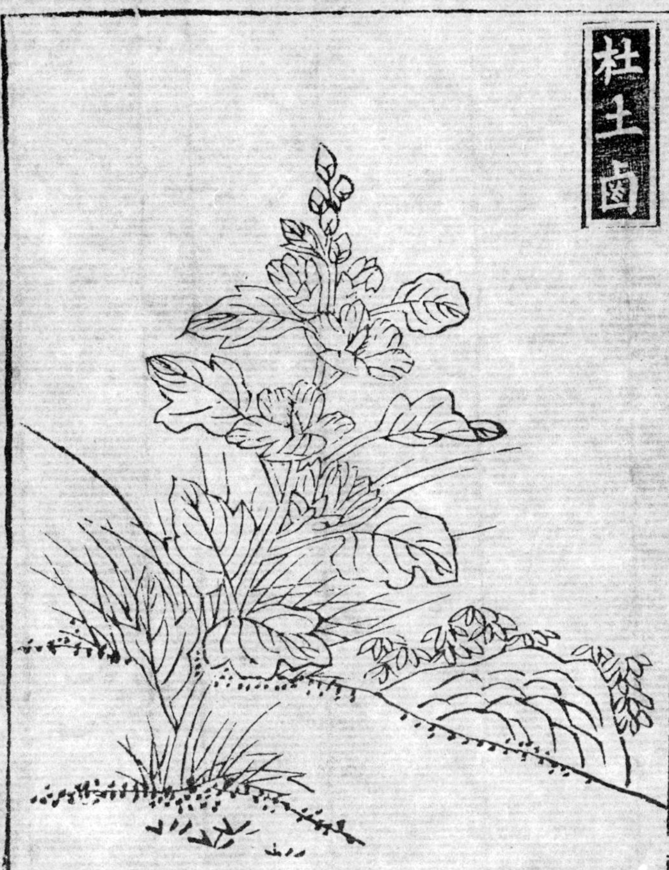
杜土鹵

攫烏階

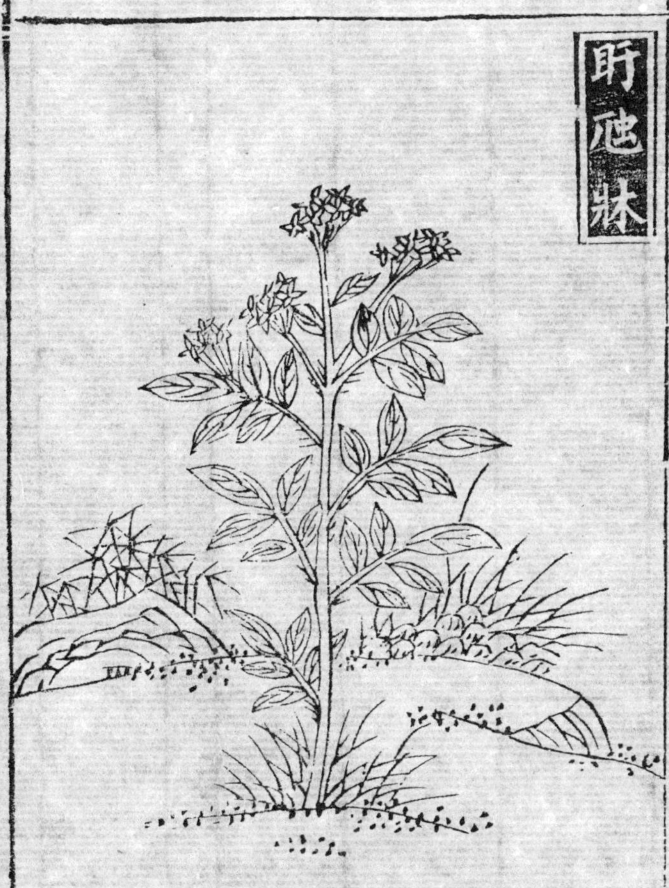
盱虺牀

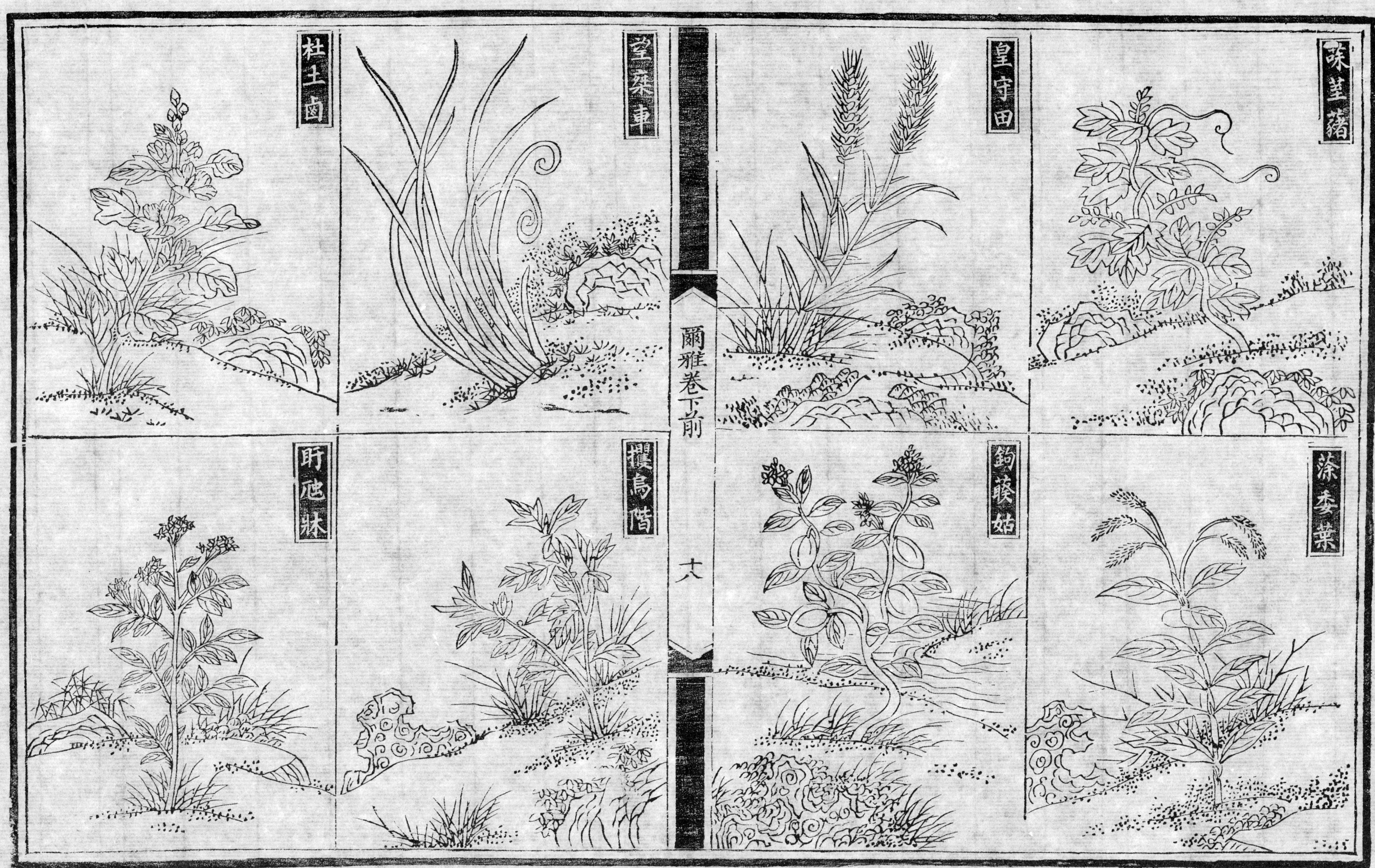

圖經本草

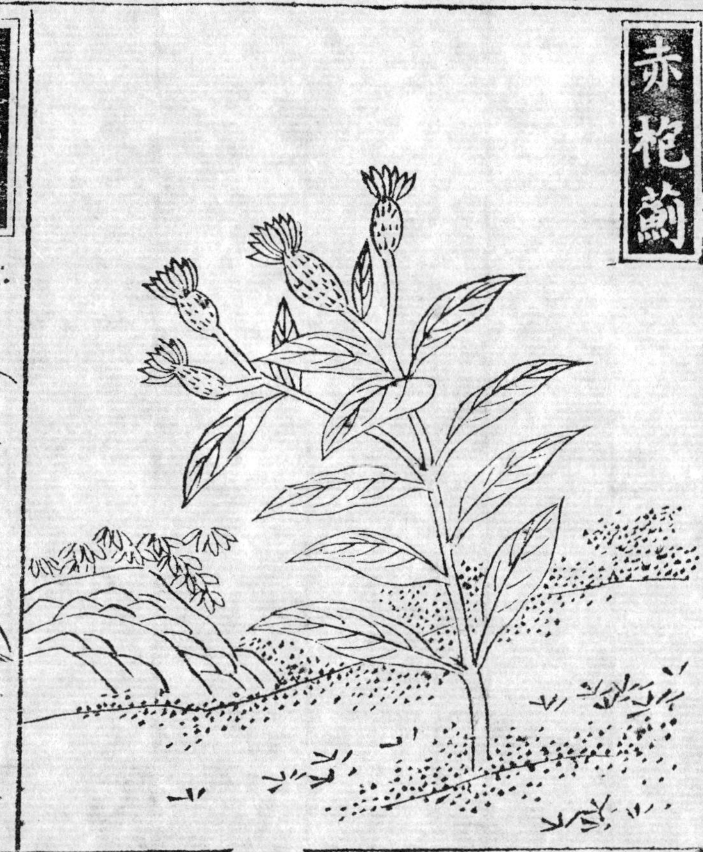
赤枹薊

中馗菌

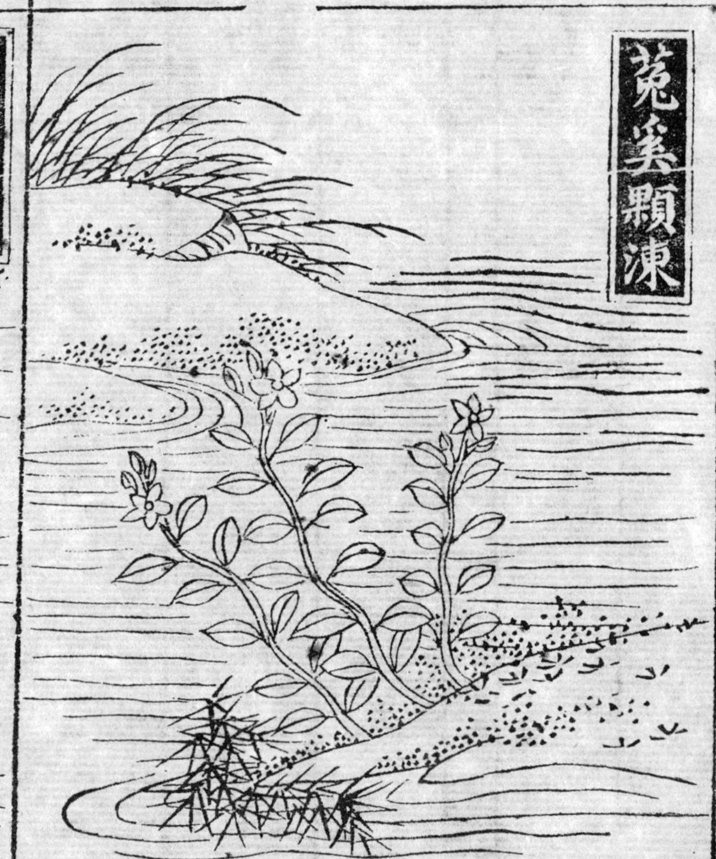
菟奚顆涷

苕陵苕

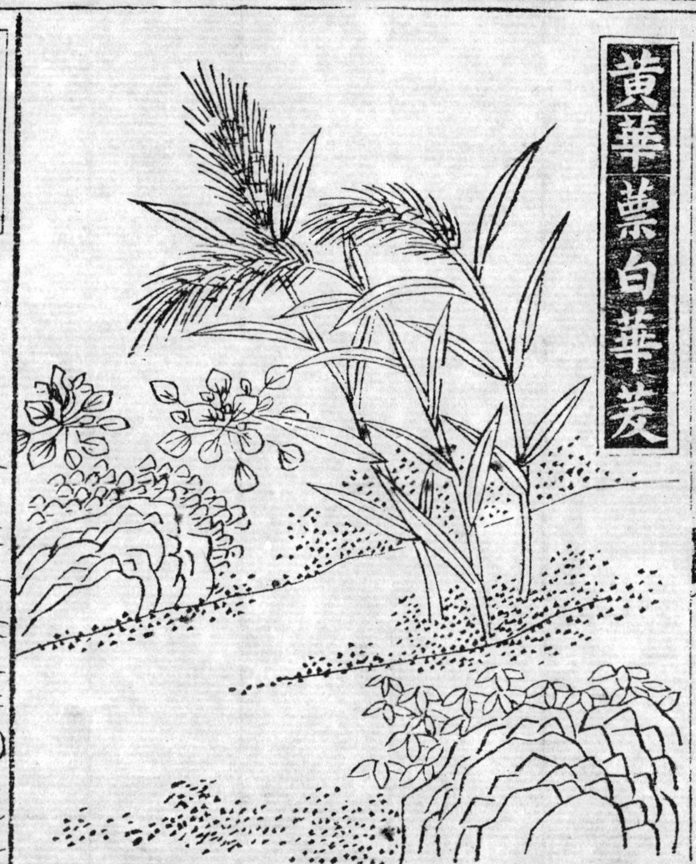
黃華蔈白華茇

薇垂水

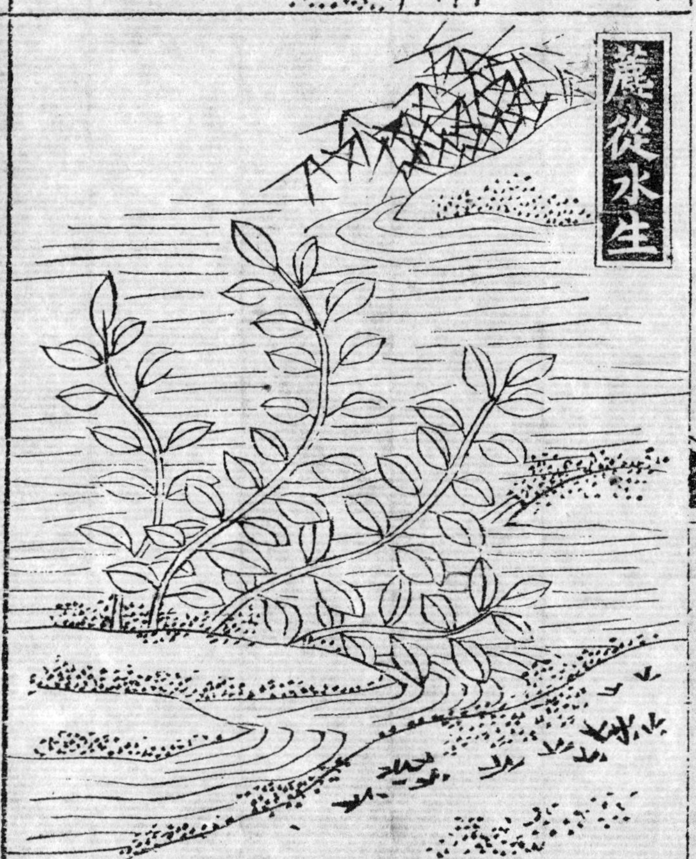
蘪從水生

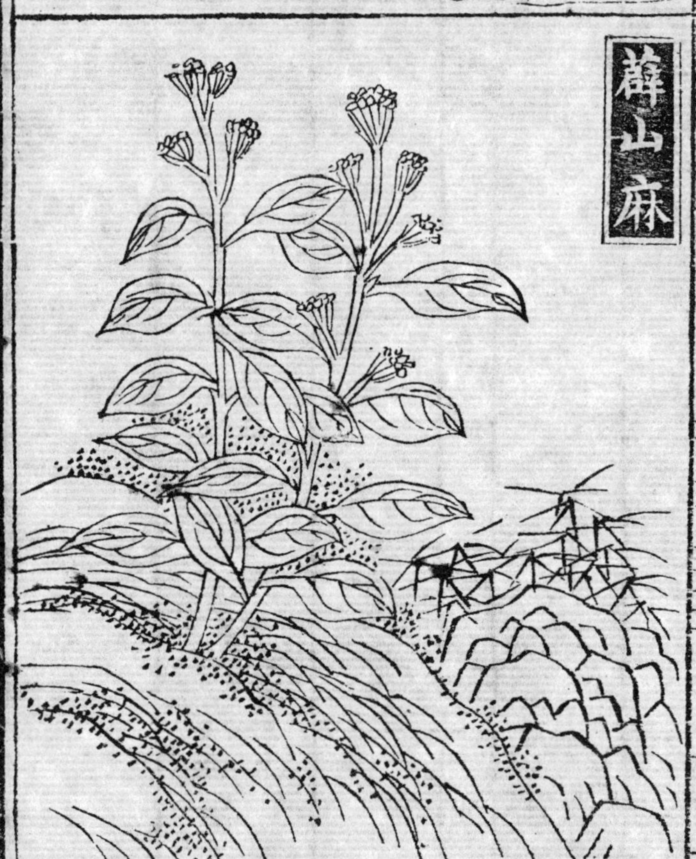
薜山麻

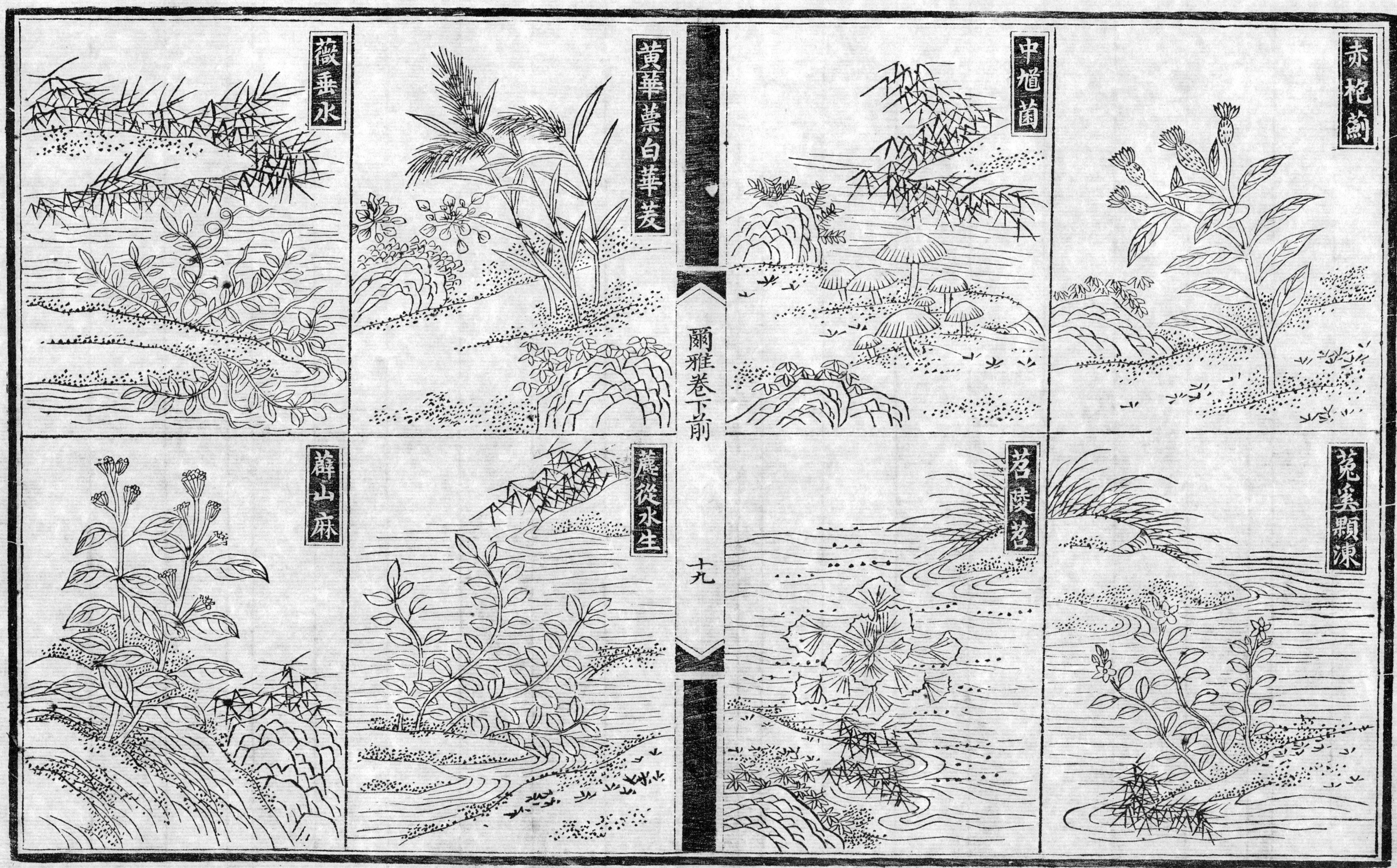

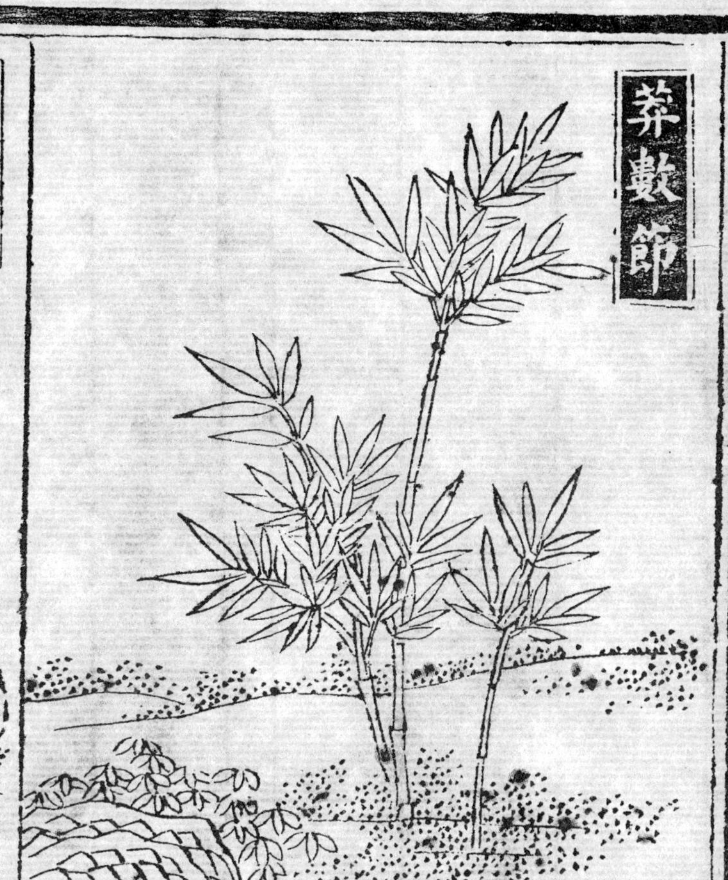
莽數節

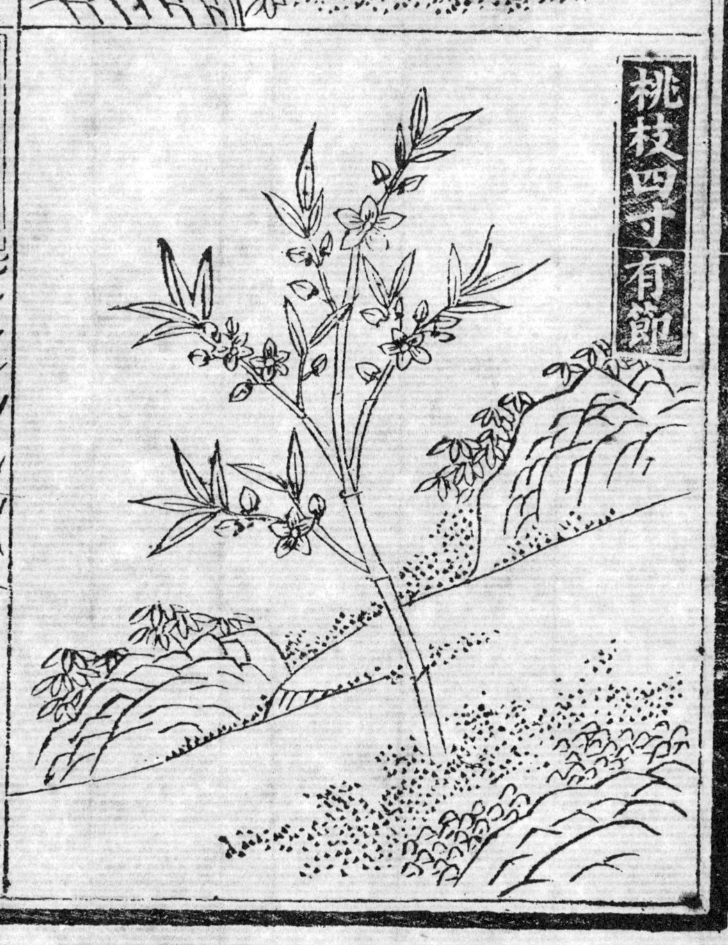
桃枝四寸有節

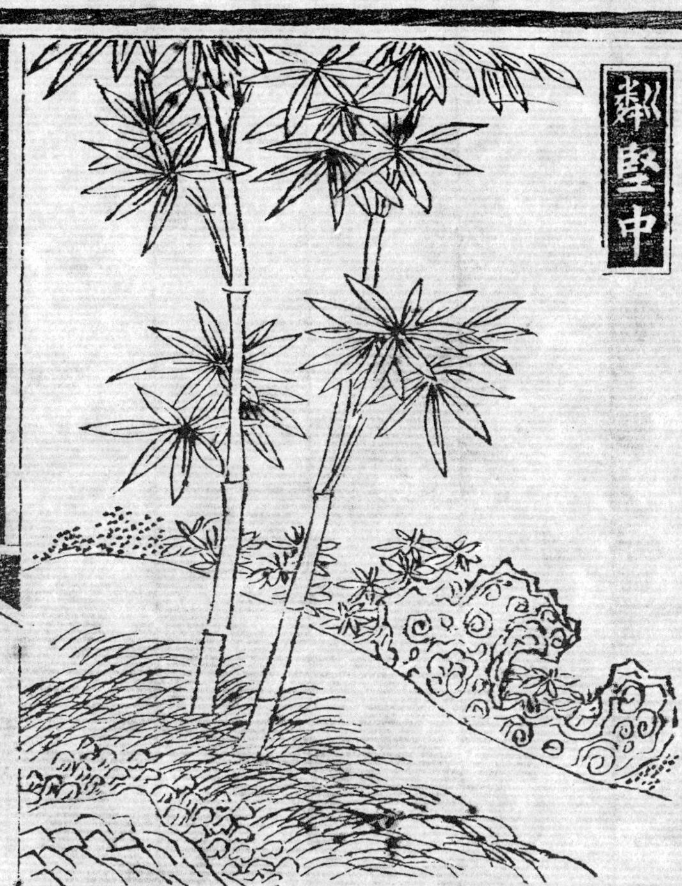
粼堅中

簢筡中

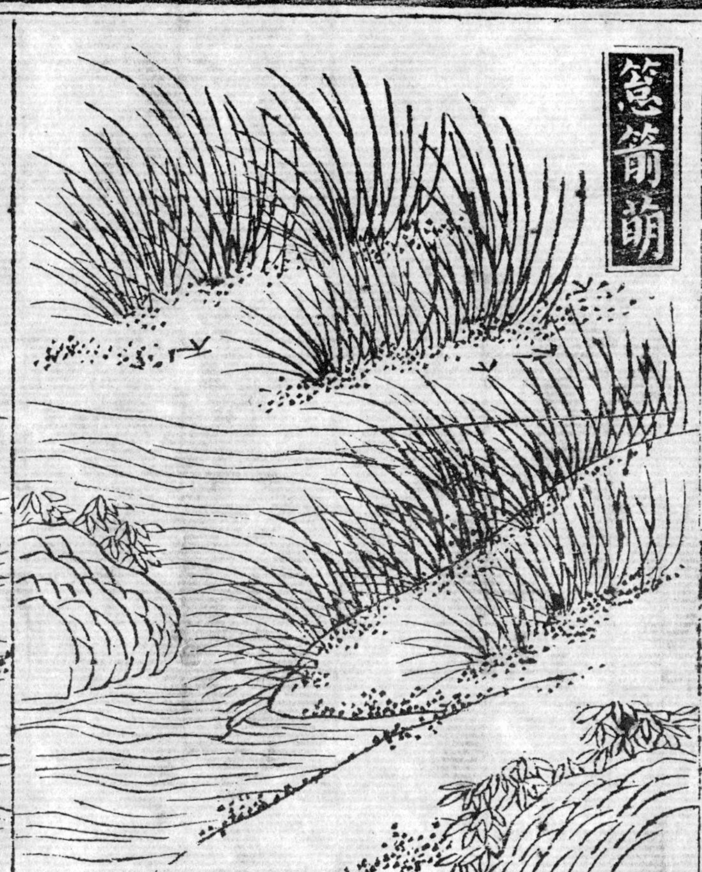
䈞箭萌

芏夫王

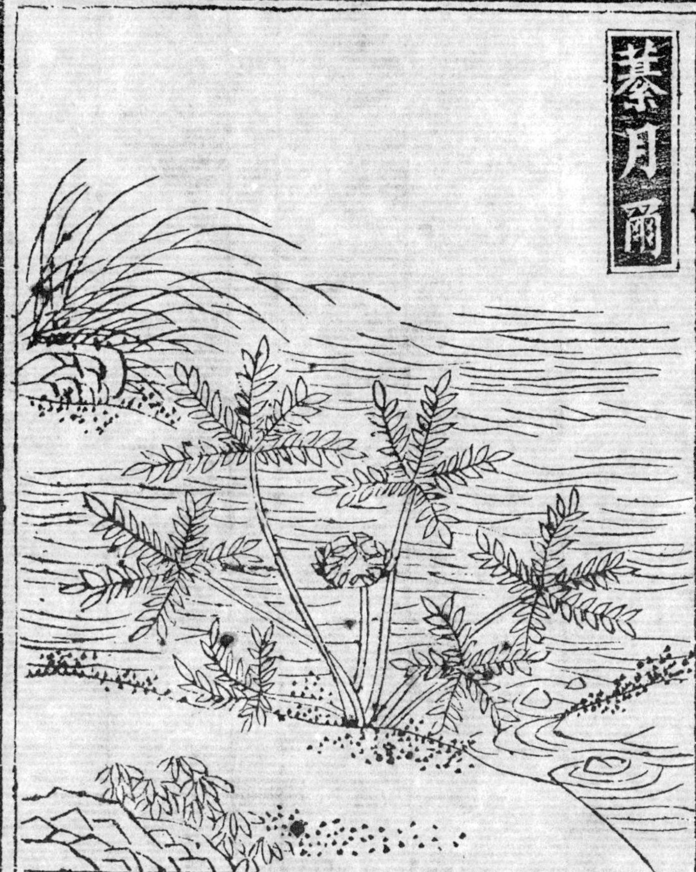
綦月爾

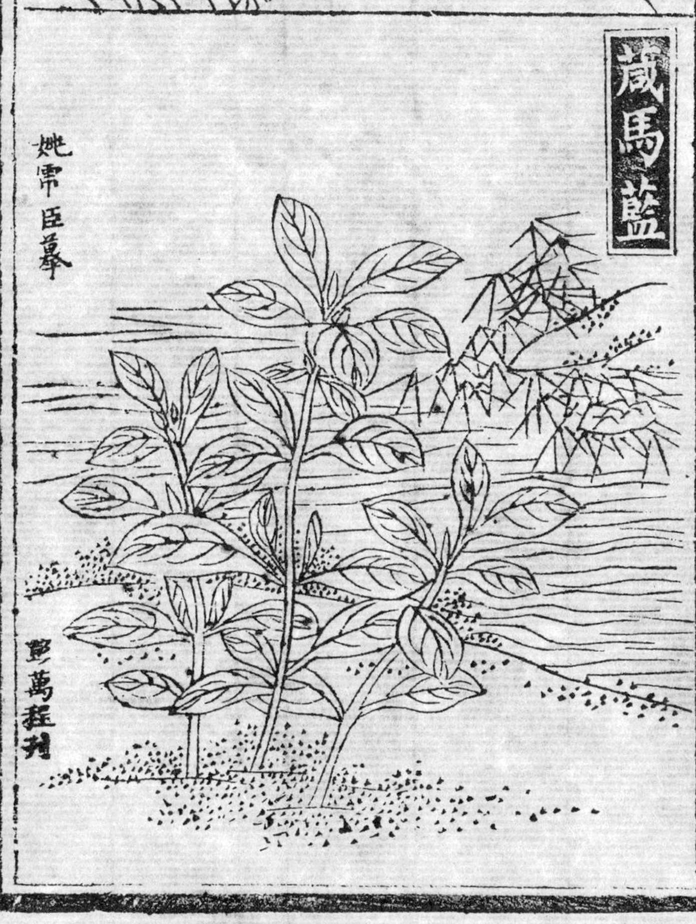
葴馬藍
姚霈臣摹
鄧萬程刊

蕁海藻

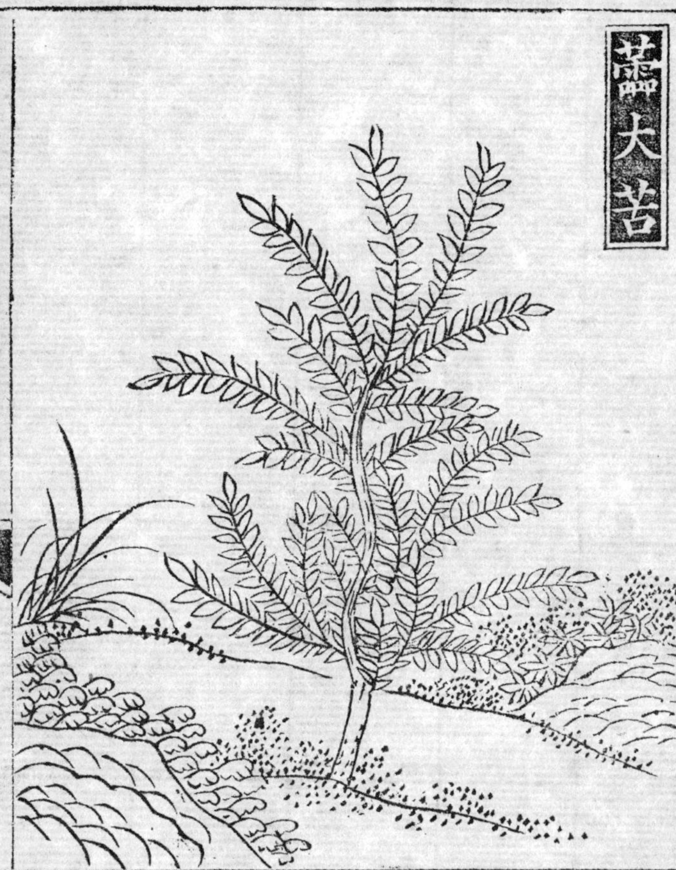
蘦大苦

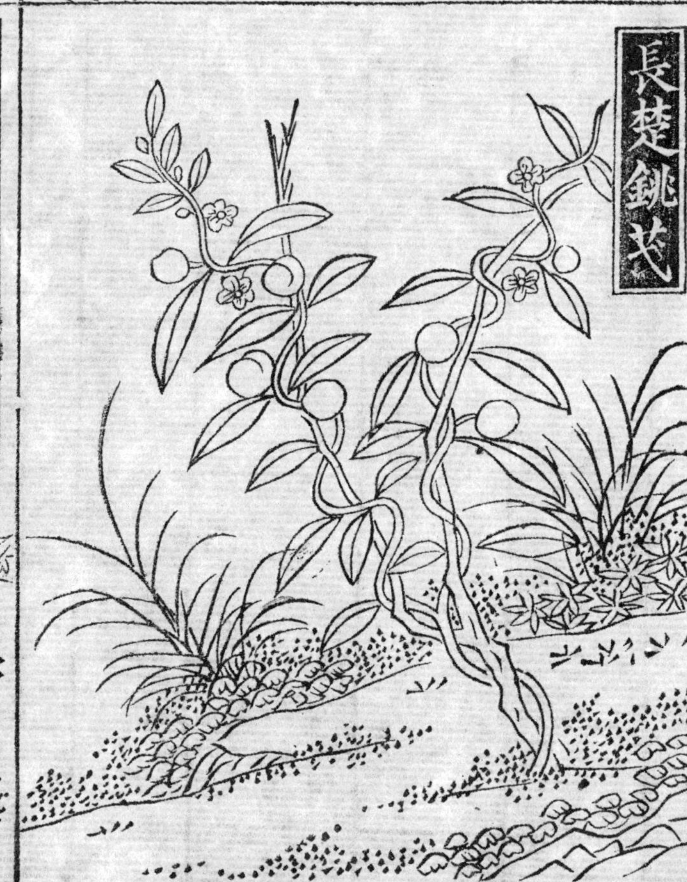
長楚銚芅

芣苢馬舄馬舄車前

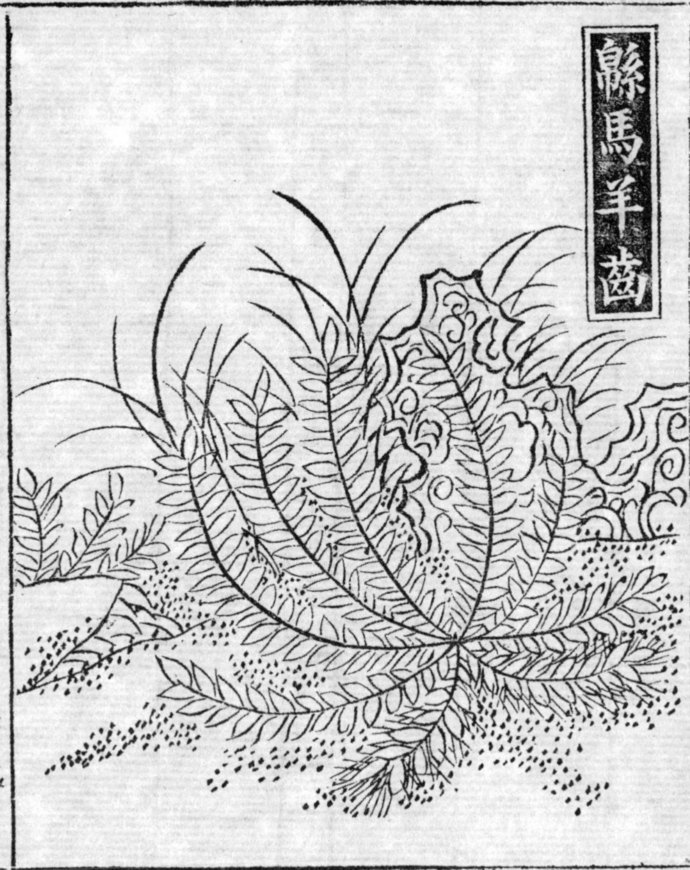
縣馬羊齒

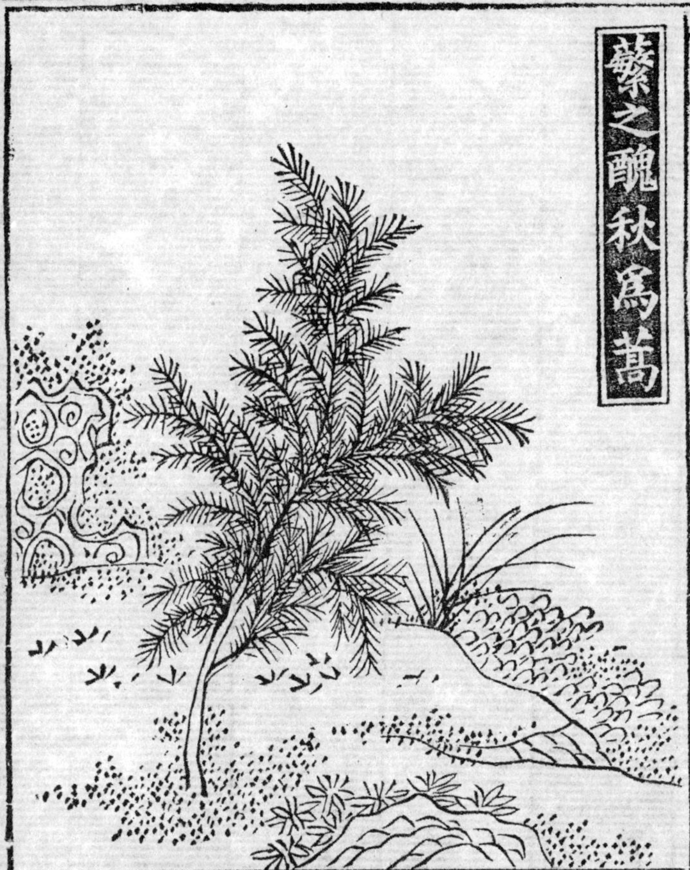
蘩之醜秋爲蒿

落麋舌

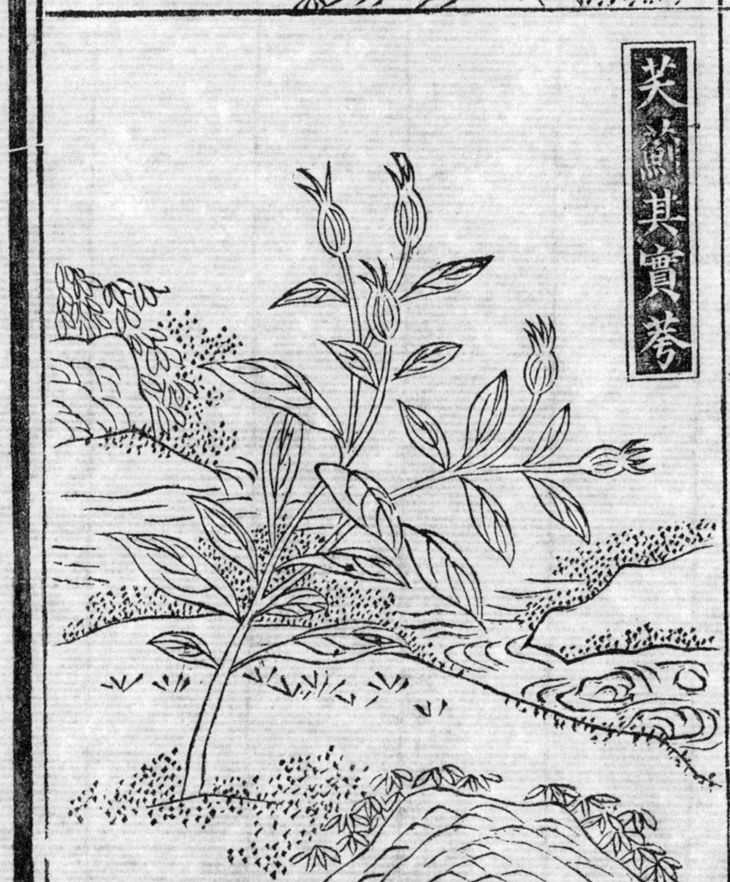
芺薊其實荂

本草

三

釋草第十三

藿音育山韭音九茖音革山葱音忩葝音徑山䪥音薤蒚音力山蒜今山中多有此菜皆如人家所種者茖葱細莖大葉

薜音百山蘄廣雅云山蘄當歸當歸今似蘄而麤大蘄音芹

椴音段木槿櫬音襯木槿別二名也似李樹華朝生夕隕可食或呼日及亦曰王蒸

朮山薊本草云朮亦名山薊今朮似薊而生山中薊音計

楊枹音孚薊似薊而肥大今呼之馬薊

葥音箭王蔧王帚也似藜其樹可以為埽蔧江東呼之曰落帚蔧音遂

菉音綠王芻菉蓐也今呼鴟脚莎

拜蔏藋蔏藋亦似藜蔏音商藋音吊

蘩音煩皤音婆蒿白蒿

蒿菣今人呼青蒿香中炙啖者為菣菣音臂

蔚音尉牡菣無子者

齧彫蓬薦黍蓬別蓬種類

薜音避鼠莞亦莞屬也纖細似龍須可以為席蜀中出好者莞音官

葝音徑鼠尾可以染皂

菥音惜蓂音覓大薺似薺葉細俗呼之曰老薺

蒤音途虎杖似紅草而麤大有細刺可以染赤

孟狼尾似茅今人亦以覆屋

瓠音戶棲瓣瓠中瓣也詩云齒如瓠棲

茹音如藘音廬茅蒐今之蒨也可以染絳

果臝之實栝樓

荼苦菜詩曰誰謂荼苦苦菜可食

萑音隹蓷今茺蔚也葉似荏方莖白華華生節間又名益母廣雅云蓷音雷

虉音逆綬小草有雜色似綬

粢音咨稷今江東人呼粟為粢

眾音終秫謂黏粟也秫音述

戎叔謂之荏菽即胡豆也菽音叔

卉百草總名

䓘雀弁未詳䓘音究

蘥音樂雀麥即燕麥也

蘾音壞烏蕵音孫

萰音練菟音兔荄音垓

蘩菟蒵皆未詳蒵音兮

䕵音演菟瓜菟瓜似土瓜

茢音列薽音真豕音史首本草曰彘盧一名蟾蠩蘭今江東呼豨首可以煼蠶蛹

荓音瓶馬帚似蓍可以為埽篲

藱音潰懷羊未詳

茭牛蘄今馬蘄葉細銳似芹亦可食

葖音獨蘆音羅葩葩宜為菔蘆菔蕪菁屬紫華大根俗呼雹葖

蓫音勅灌未詳

苬音囚芝芝一歲三華瑞草

筍竹萌初生者

簜音蕩竹竹別名儀禮曰簜在建鼓之間謂簫管之屬

莪蘿今莪蒿也亦曰薼蒿

苨音禰菧音底苨苨薺

經音坙履未詳

苕接余其葉苻叢生水中葉圓在莖端長短隨水深淺江東食之亦呼為莕音杏

白華野菅菅茅屬詩曰白華菅兮

薜白蘄即上山蘄

菲音匪芴即土瓜也芴音物

葍音福當

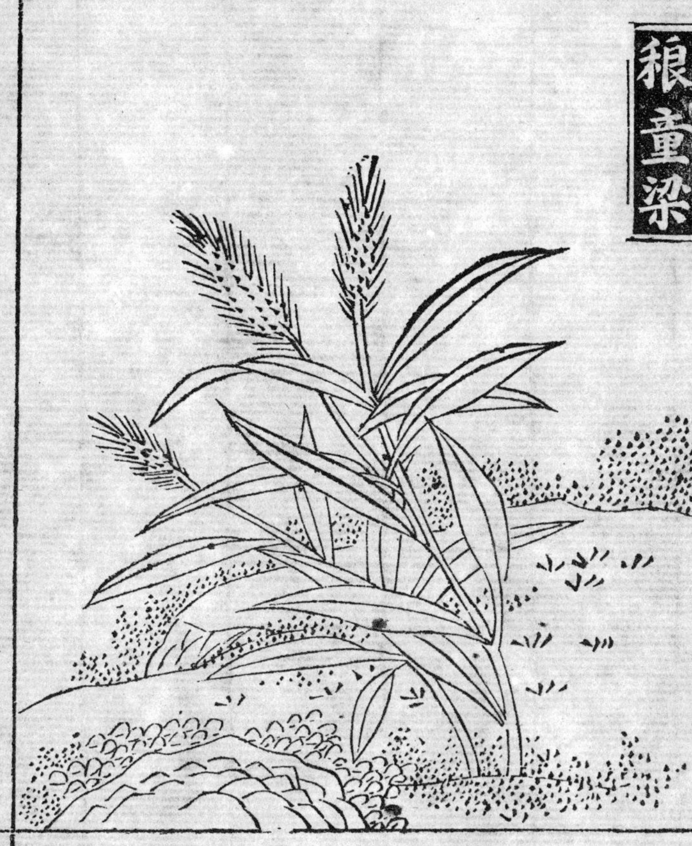
稂童粱

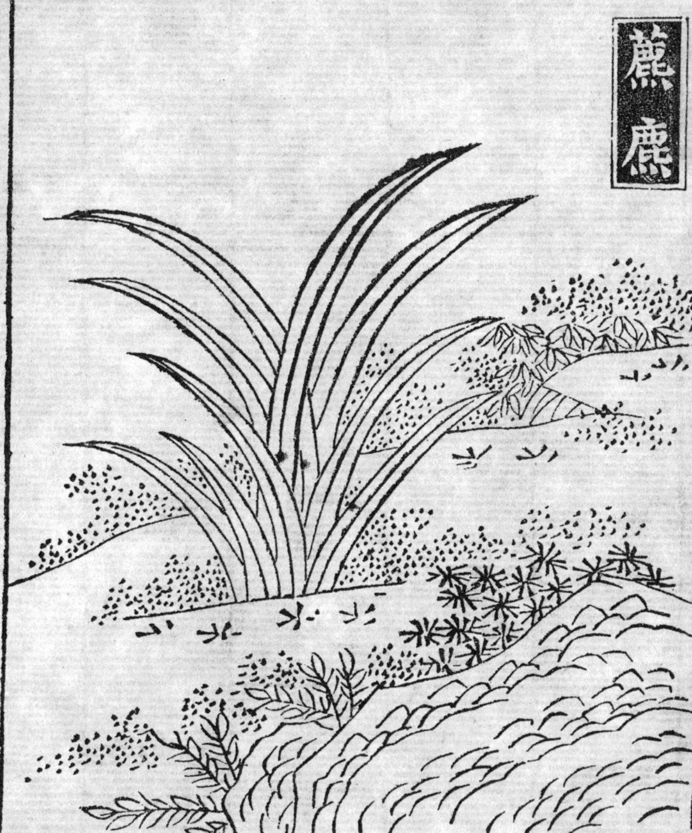
藨麃

的薂

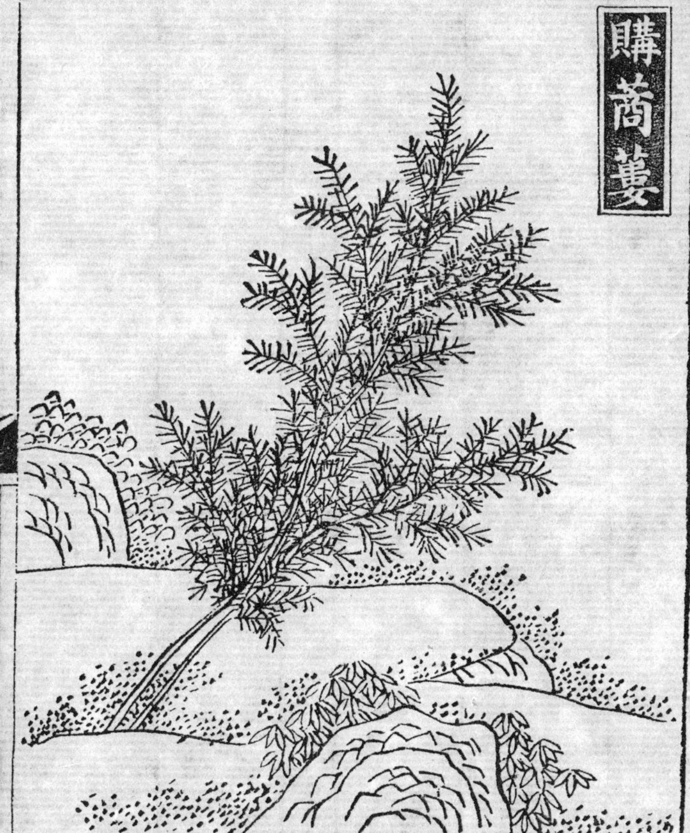
購蔏蔞

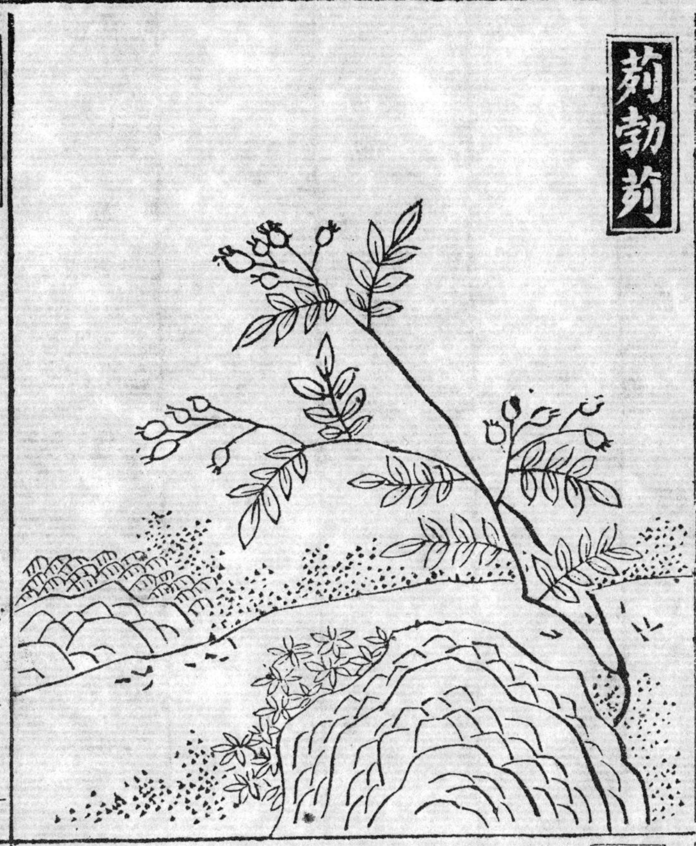
茢勃茢

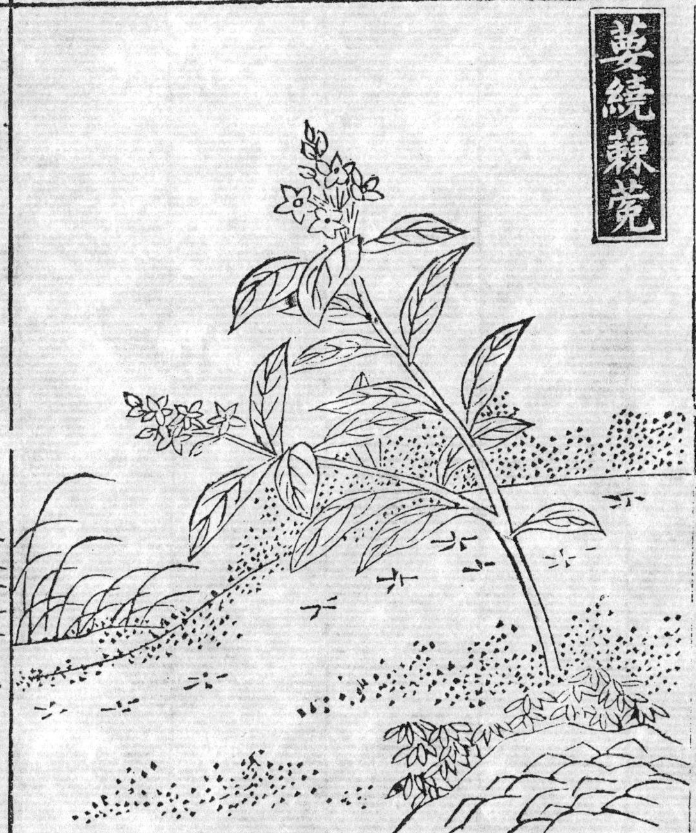
葽繞蕀蒬

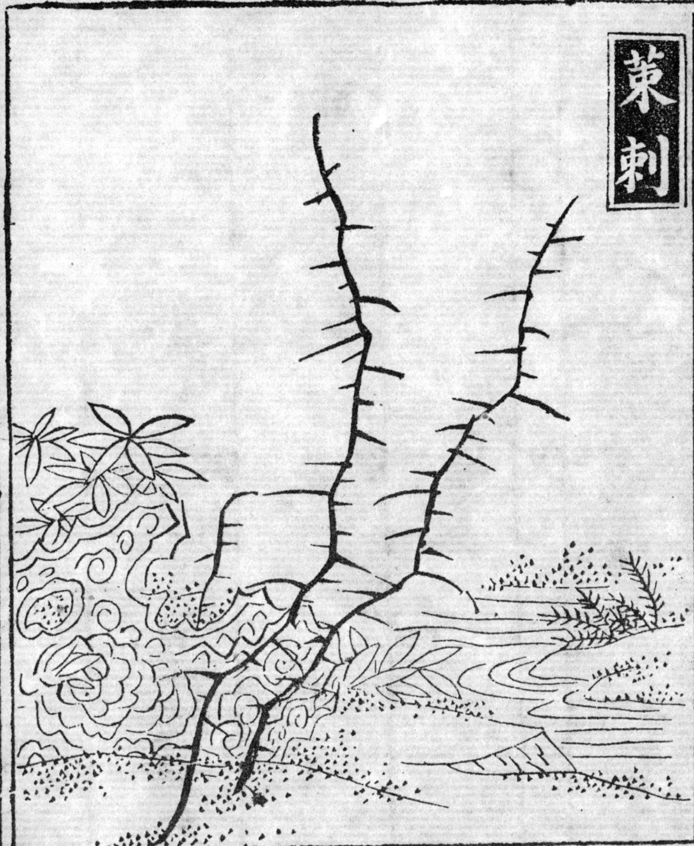
茦刺

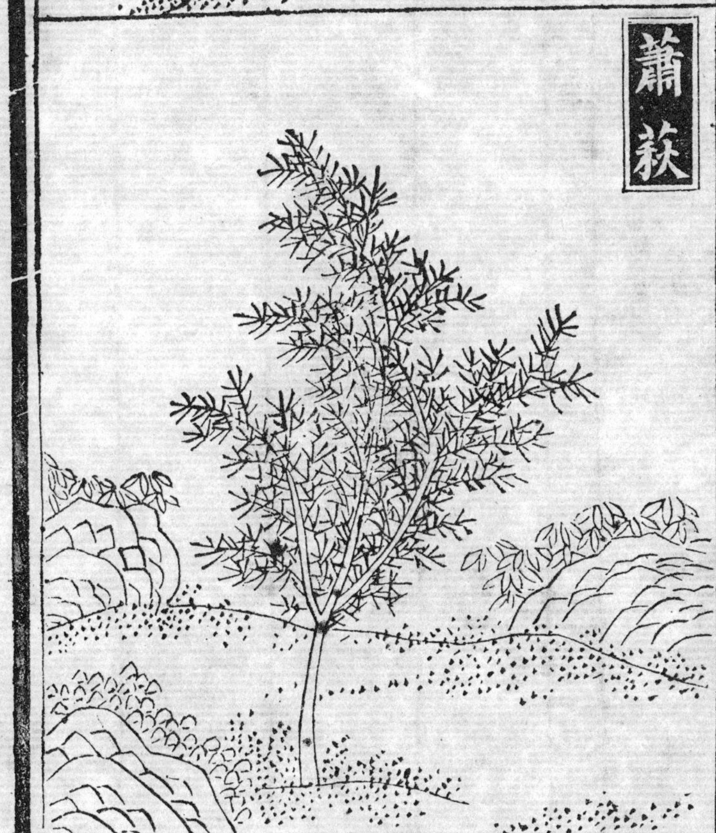
蕭萩

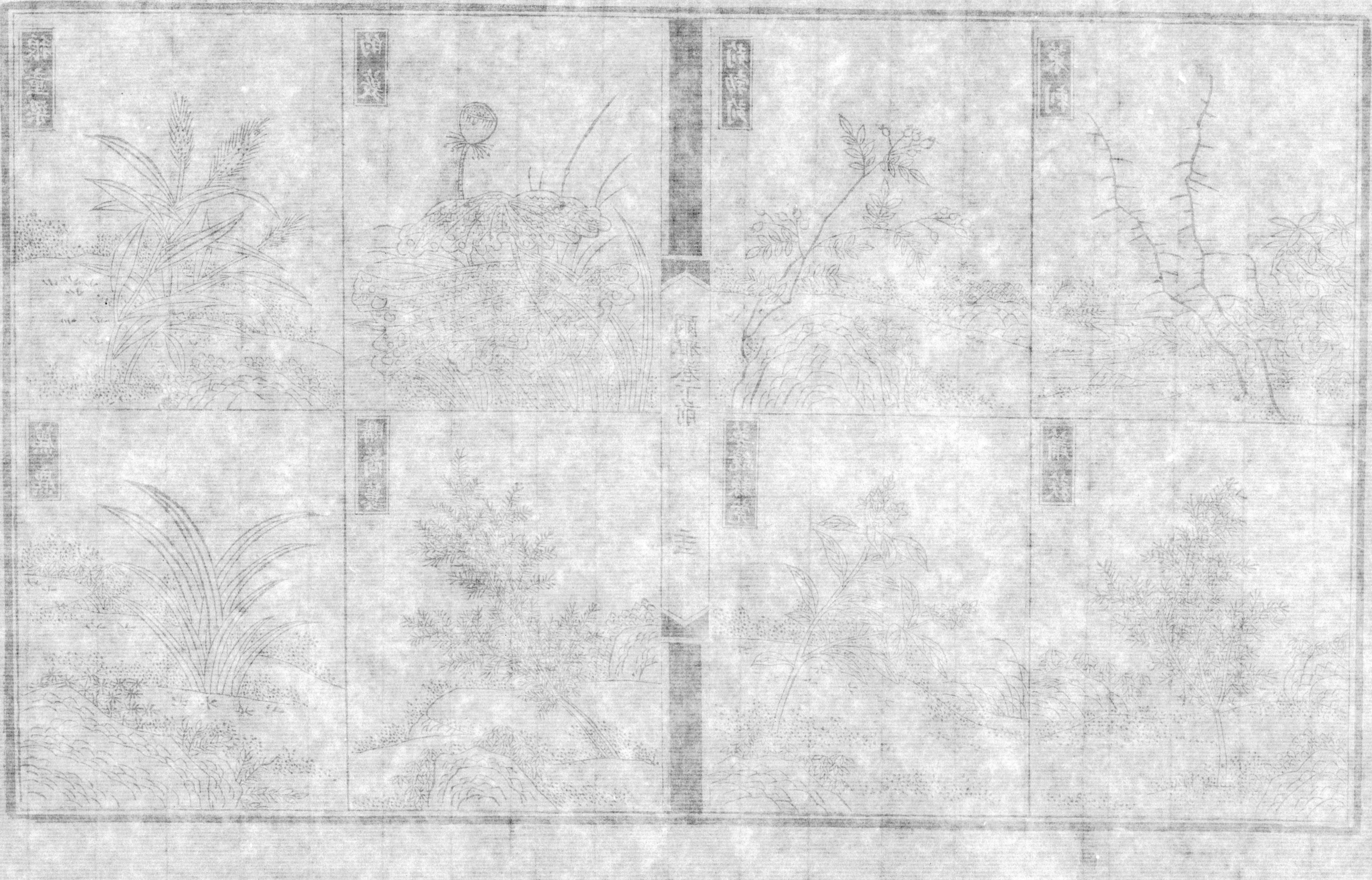

苄地黄

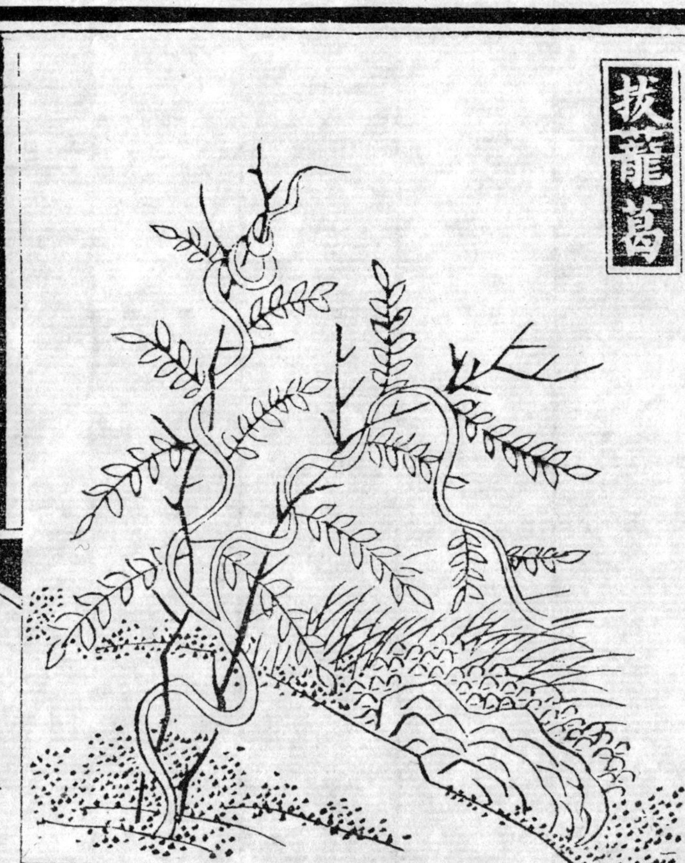
拔蘢葛

蒙王女

藗牡茅

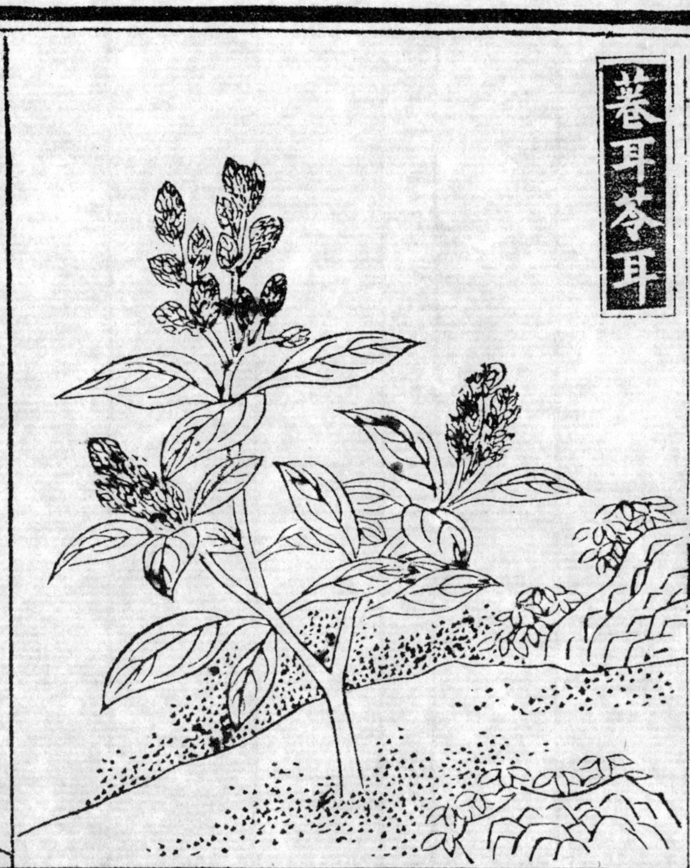
菤耳苓耳

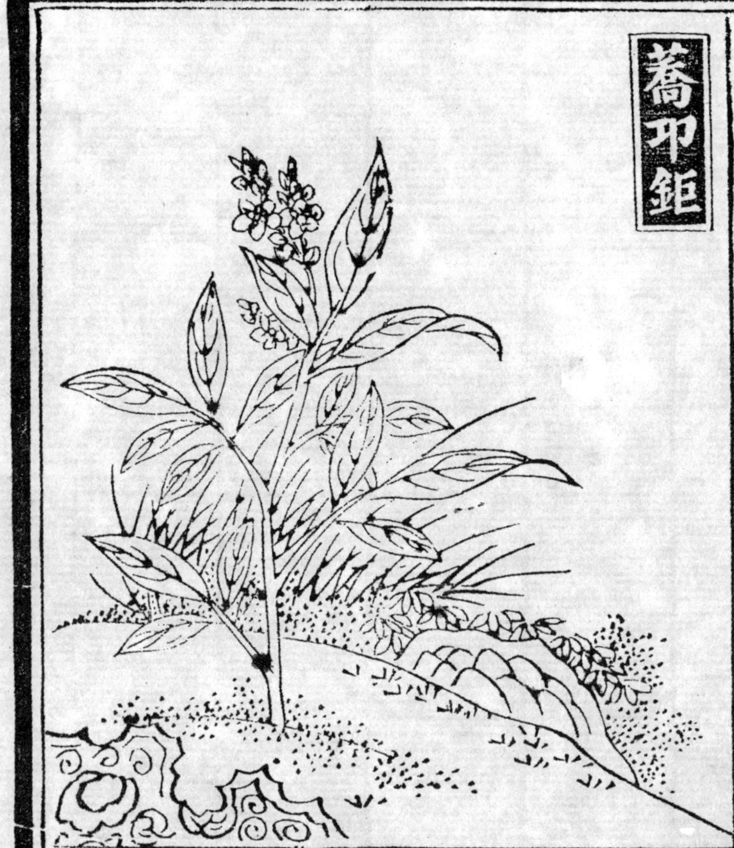
蕎卭鉅

蕨虌

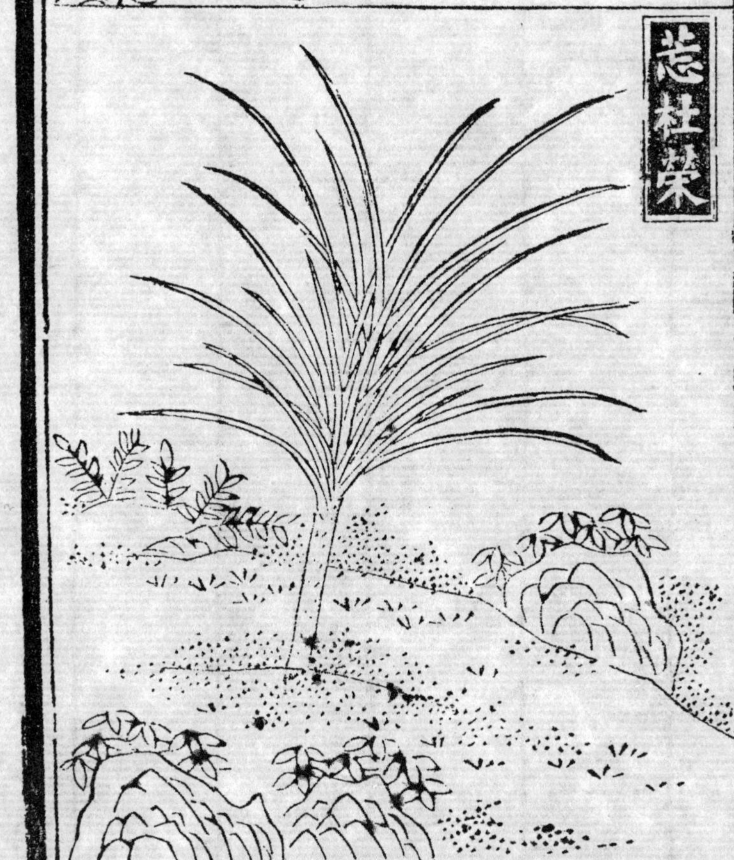
莣杜榮

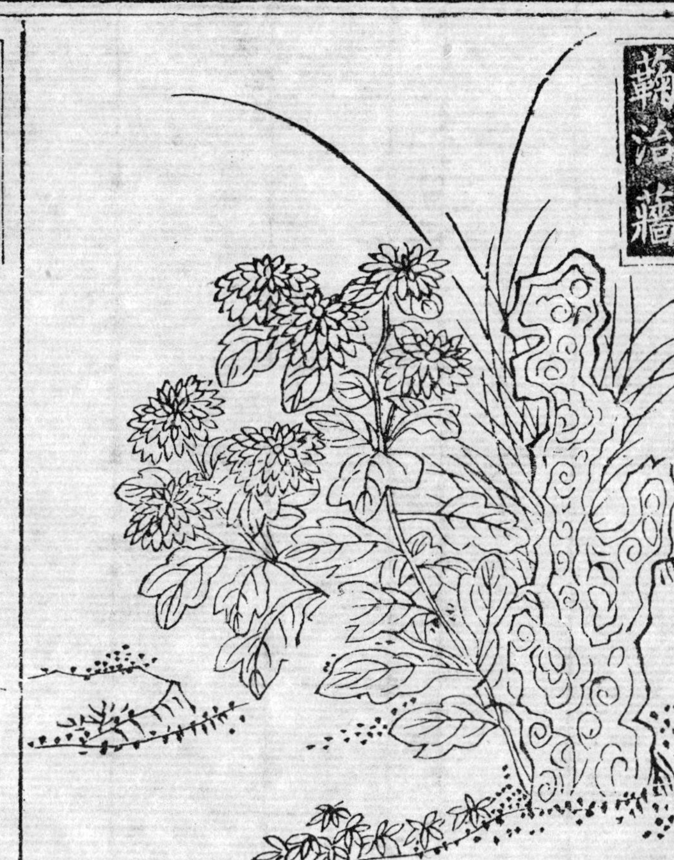
蘜治蘠

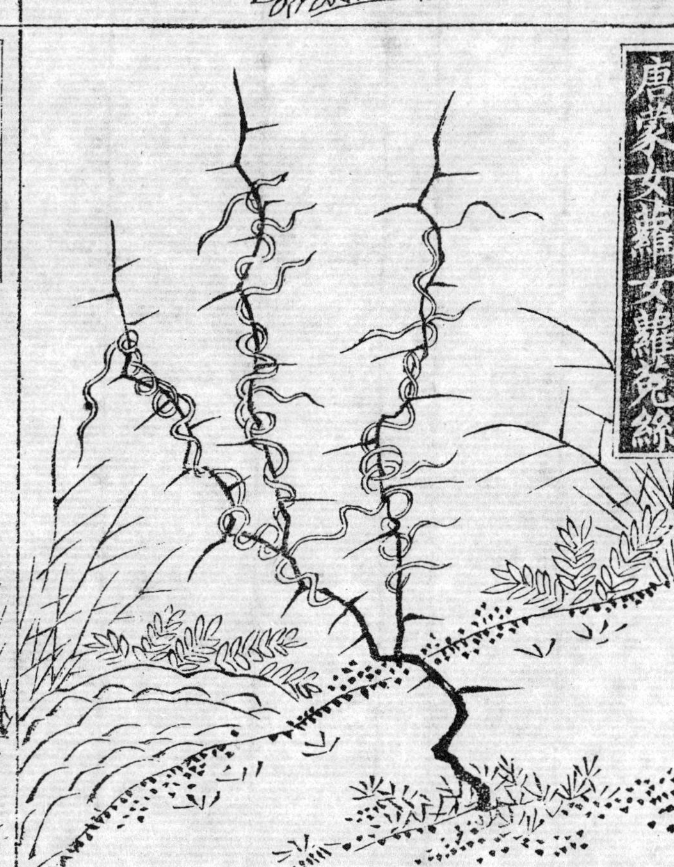
唐蒙女蘿女蘿兔絲

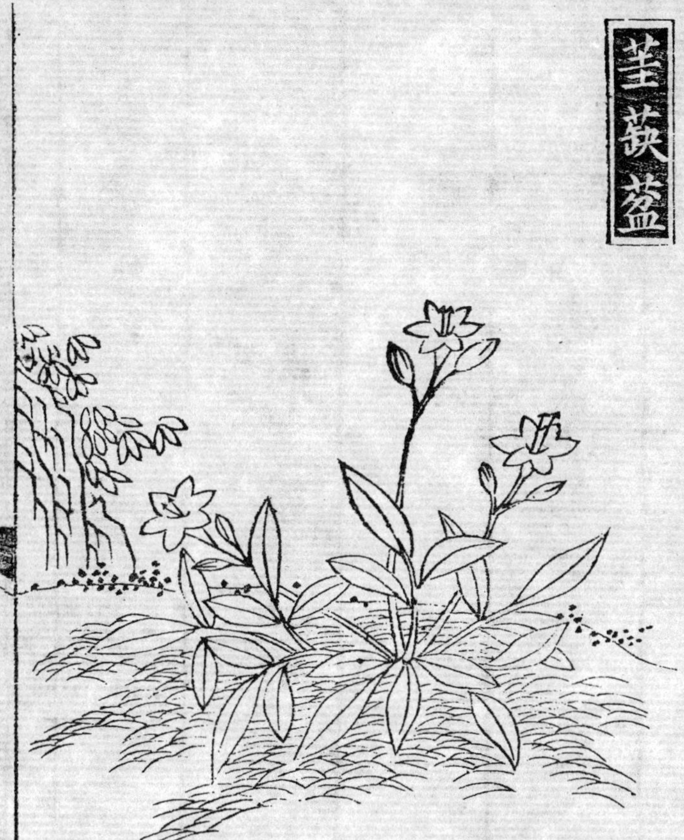
茥蒛葐

芨堇草

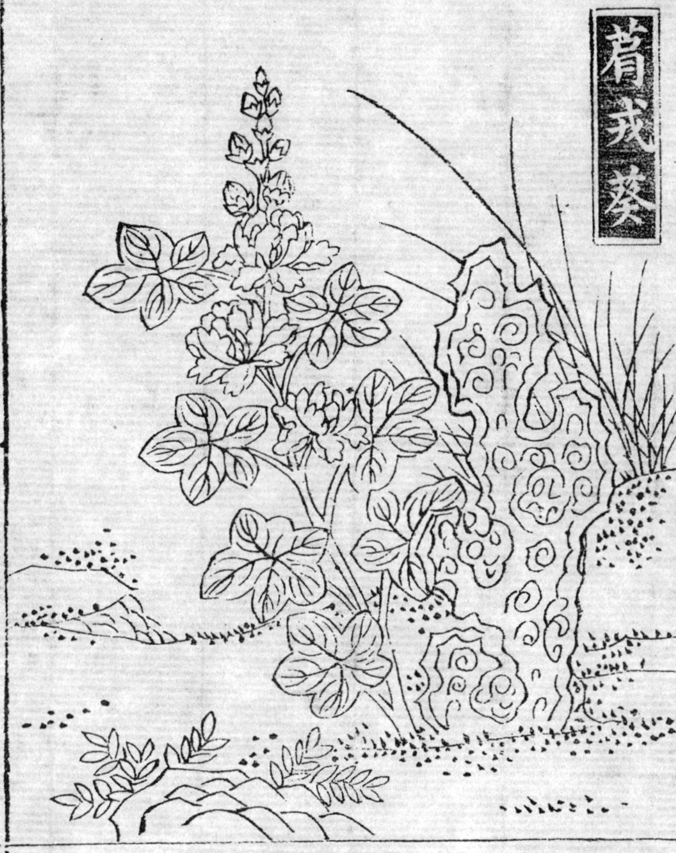
菺戎葵

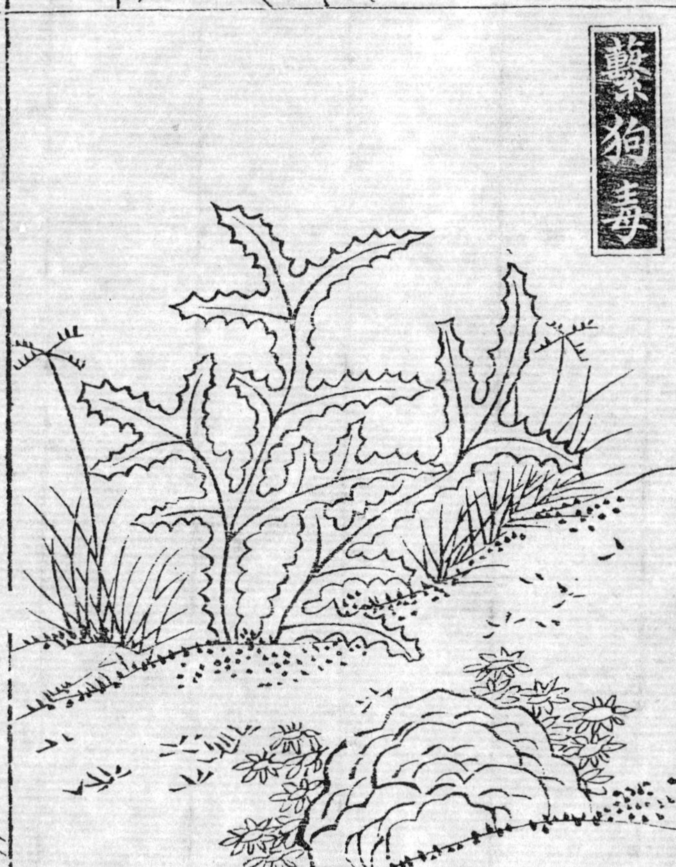
蘩狗毒

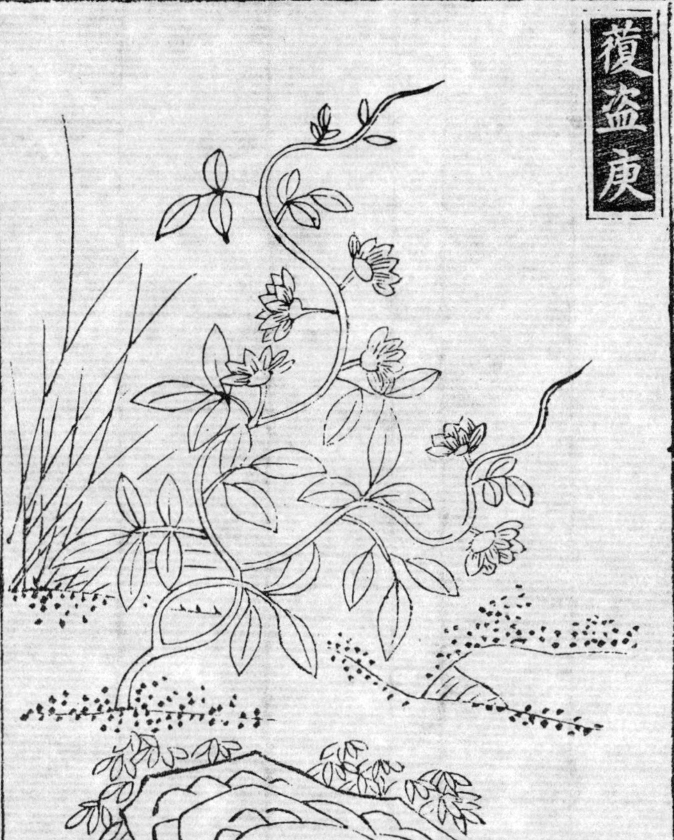
蕧盜庚

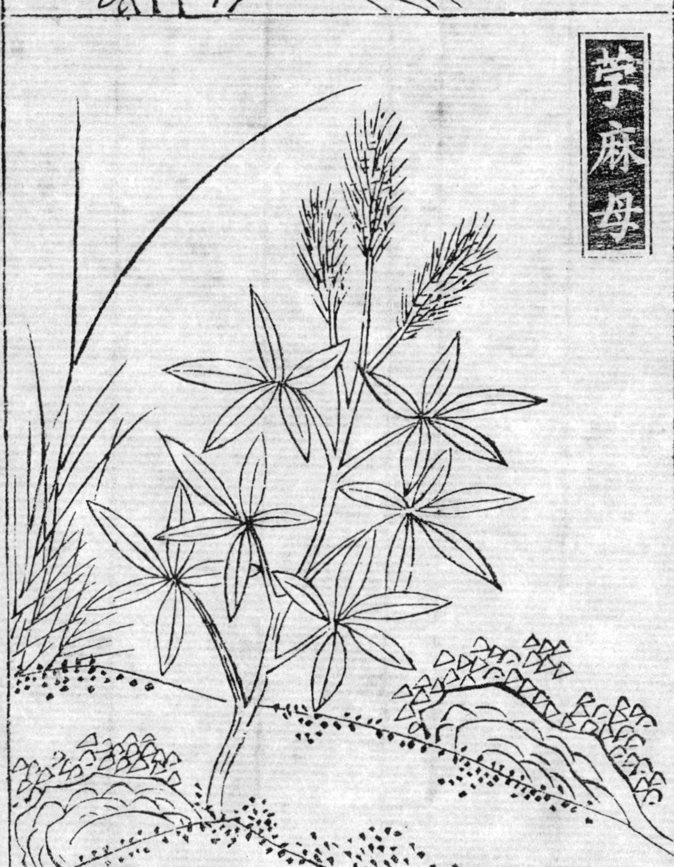
茡麻母

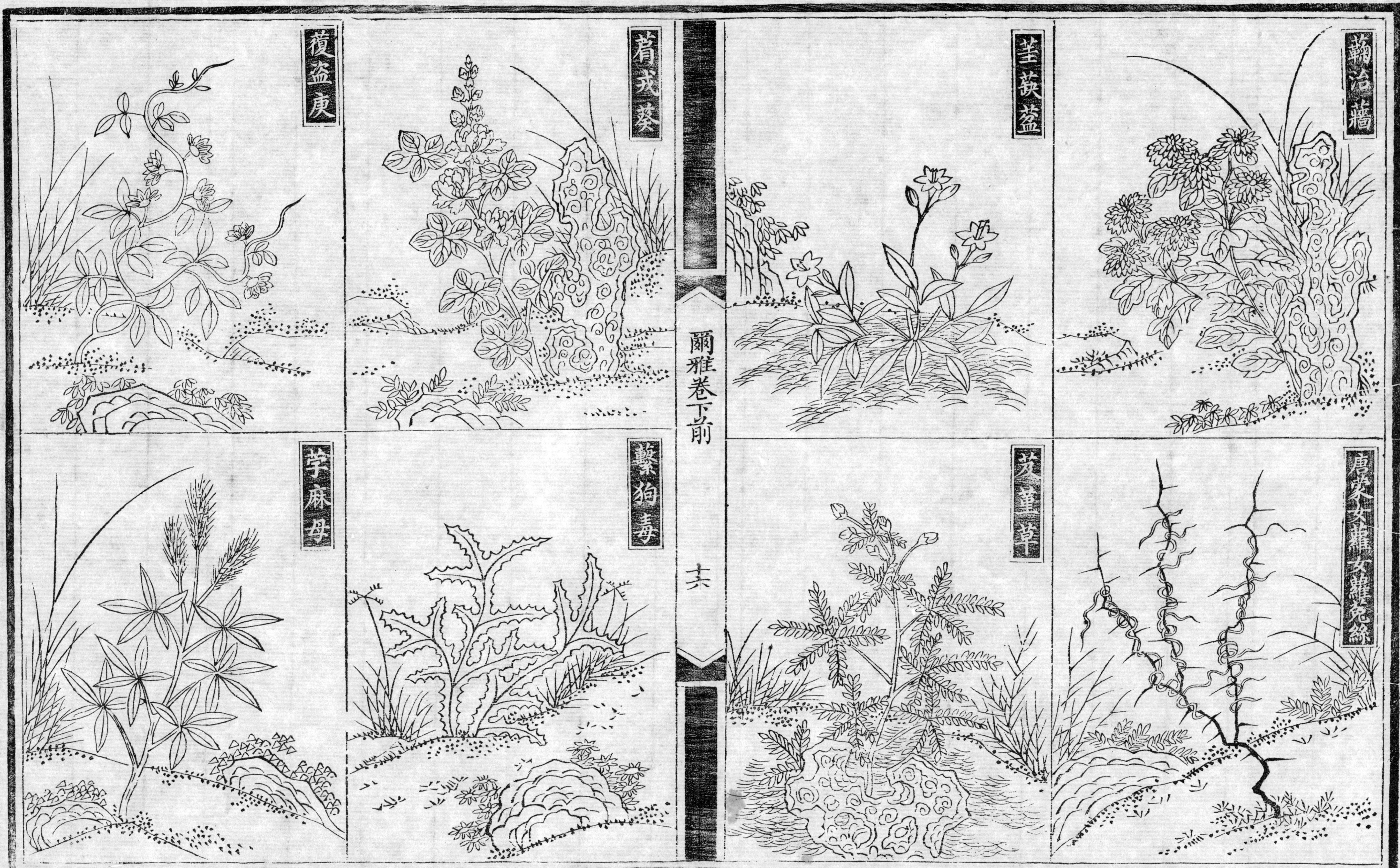

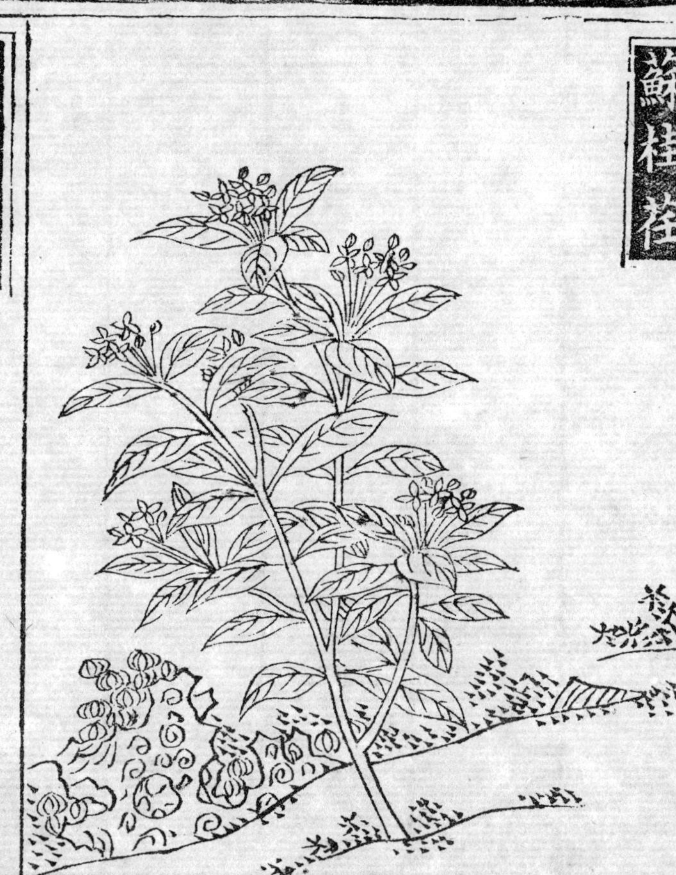
蘇桂荏

虋赤苗

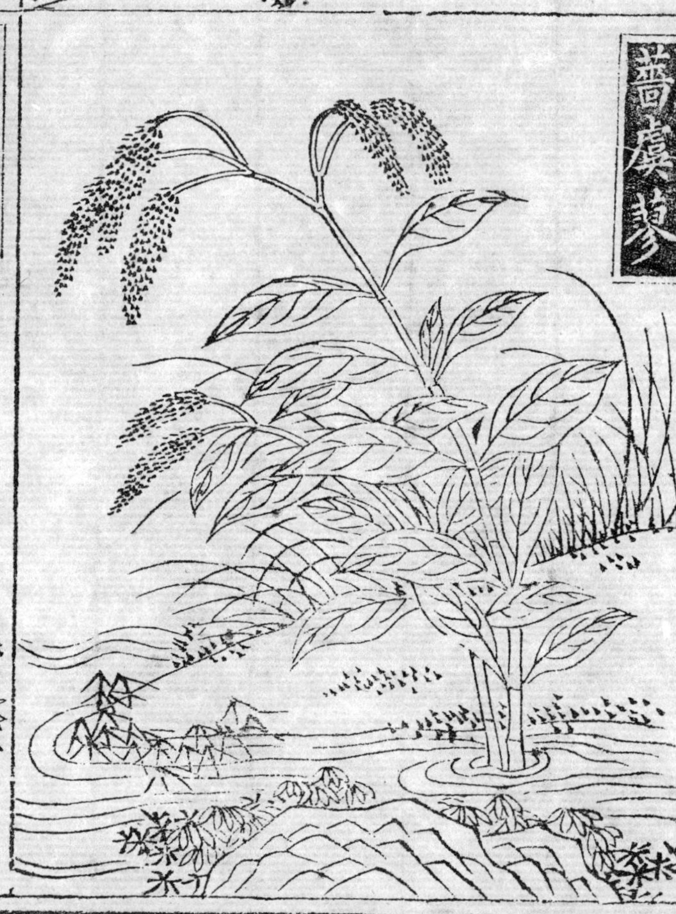
薔虞蓼

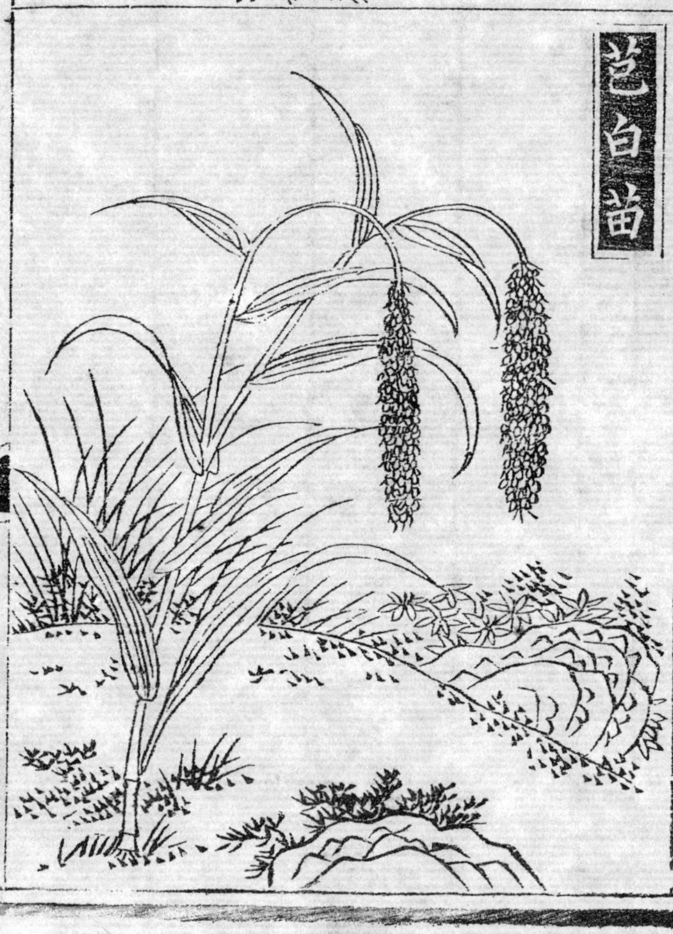
芑白苗

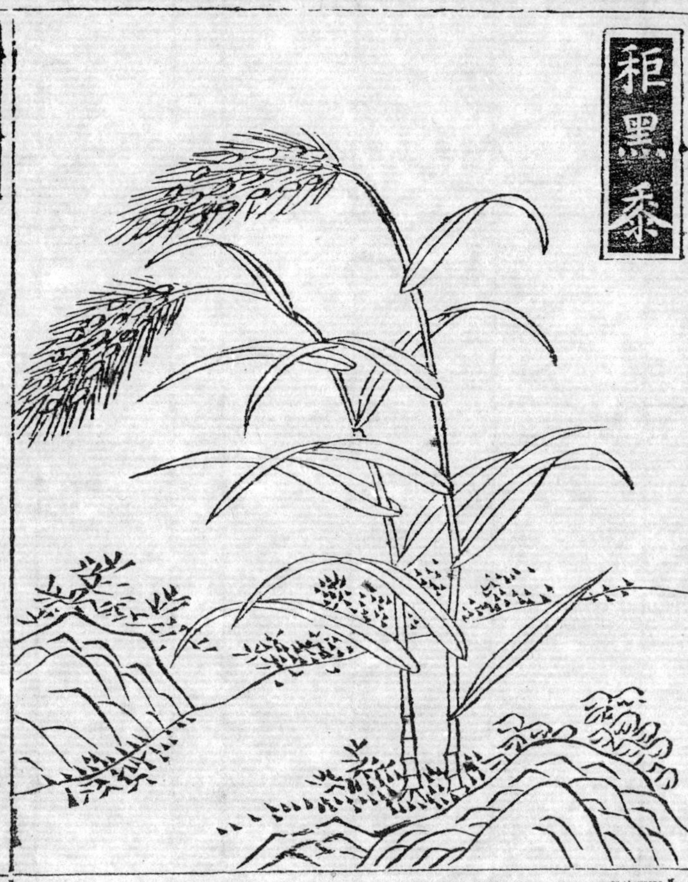
秬黑黍

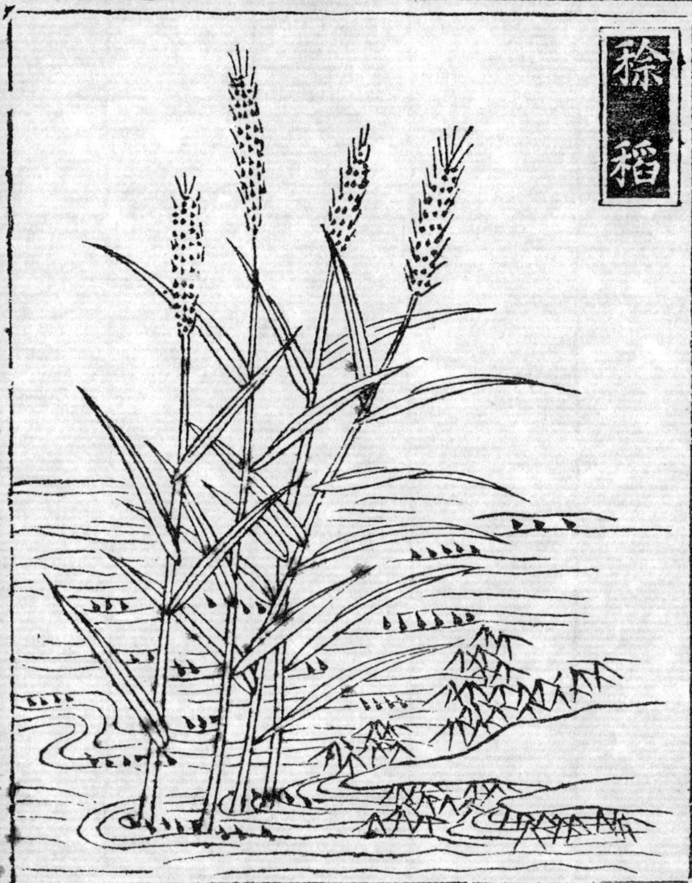
稌稻

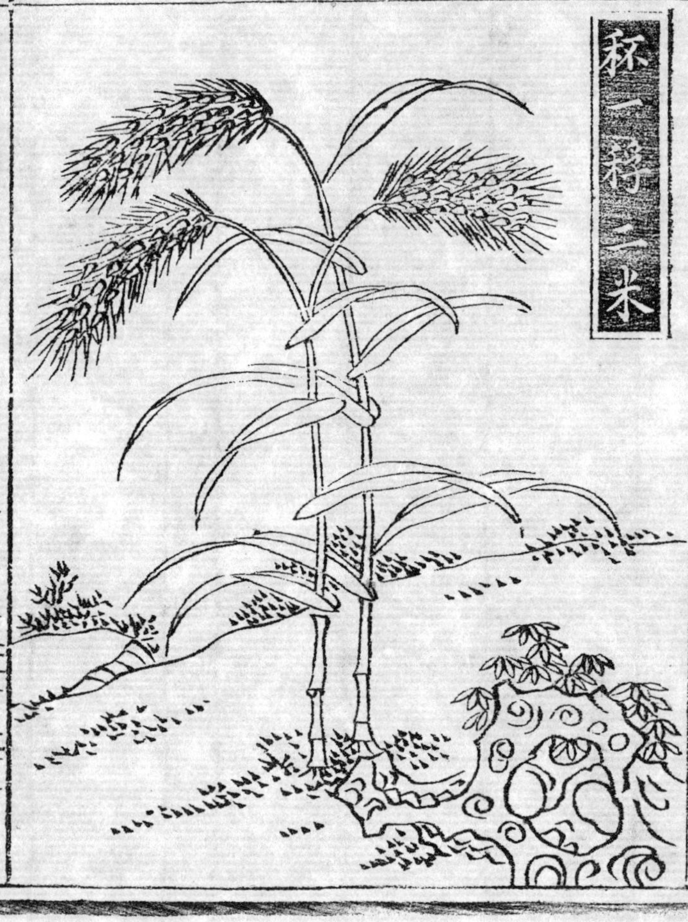
秠一稃二米

葍藑茅

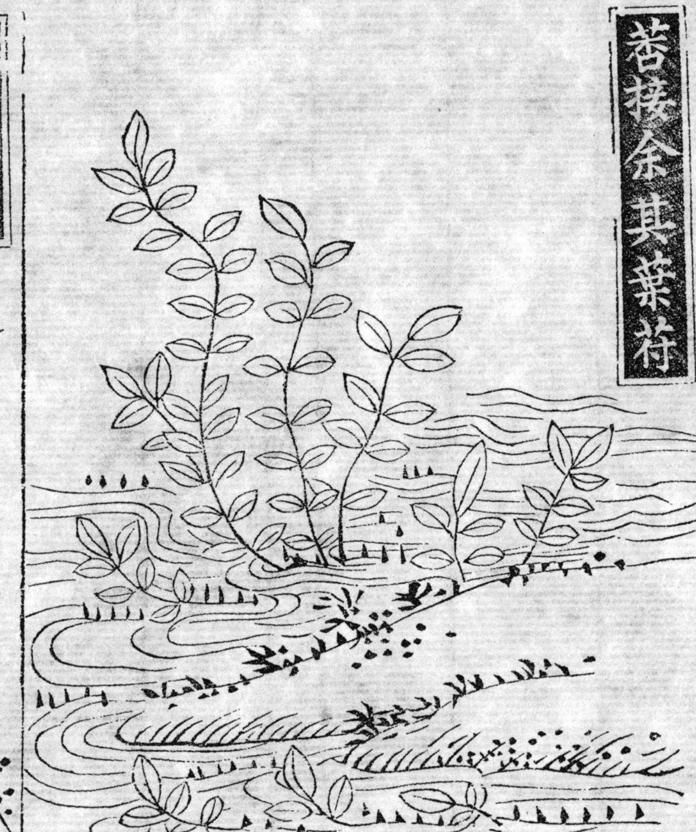
菨接余其葉苻

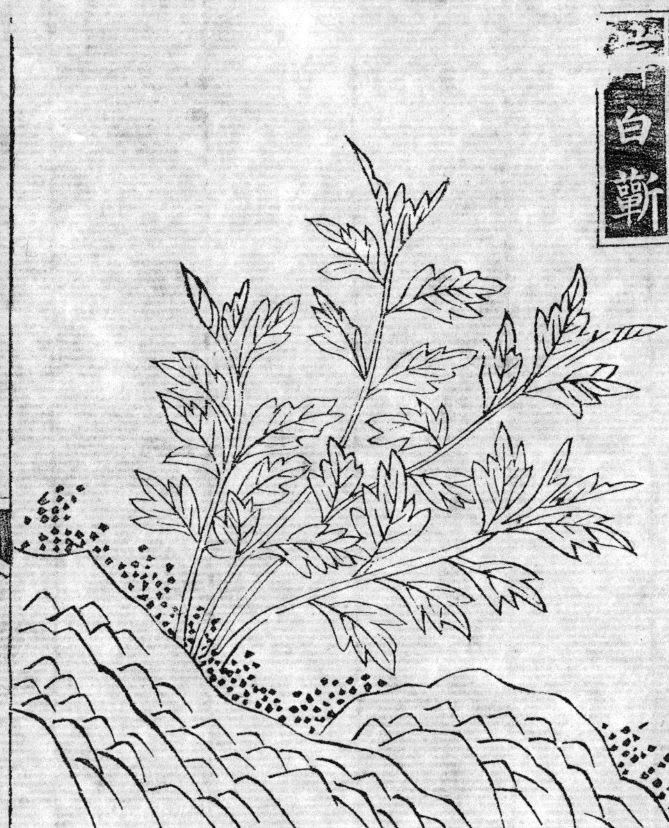
[illegible]白蘄

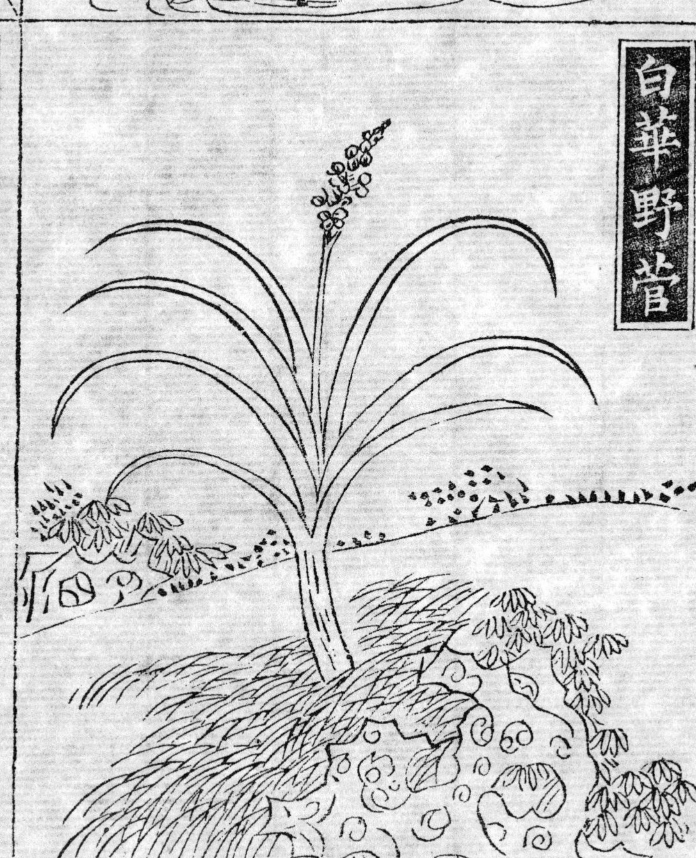
白華野菅

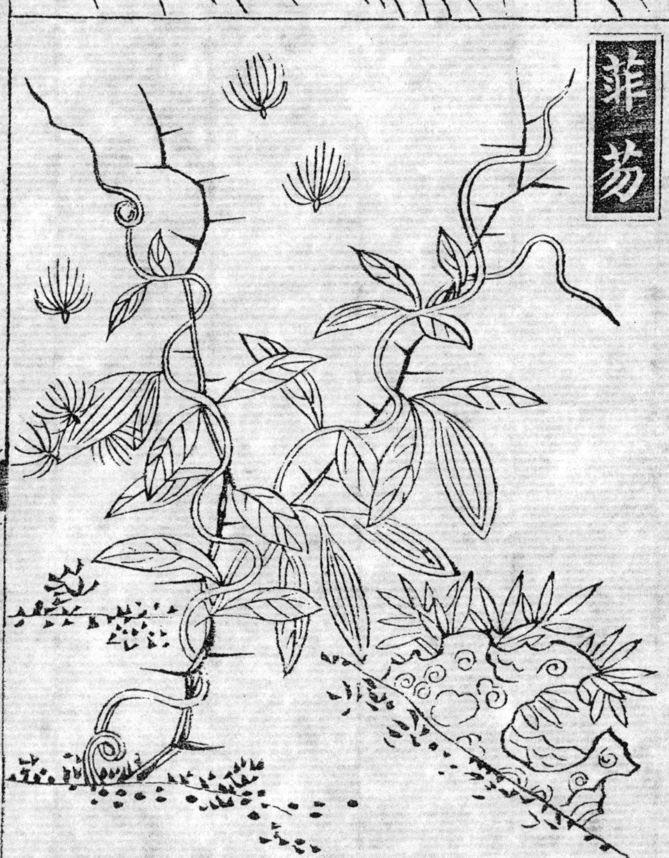
菲芴

當葍

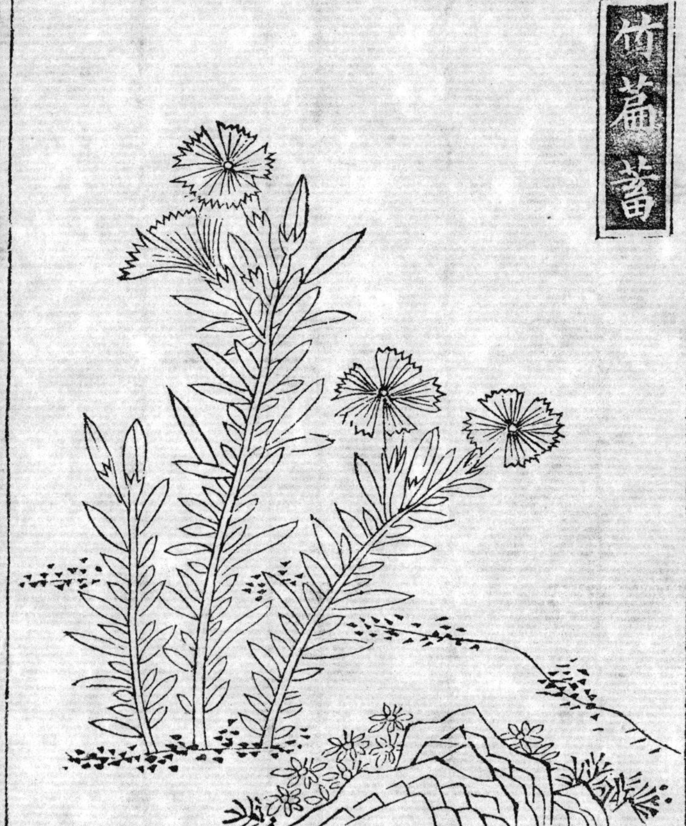
茍蘠葍

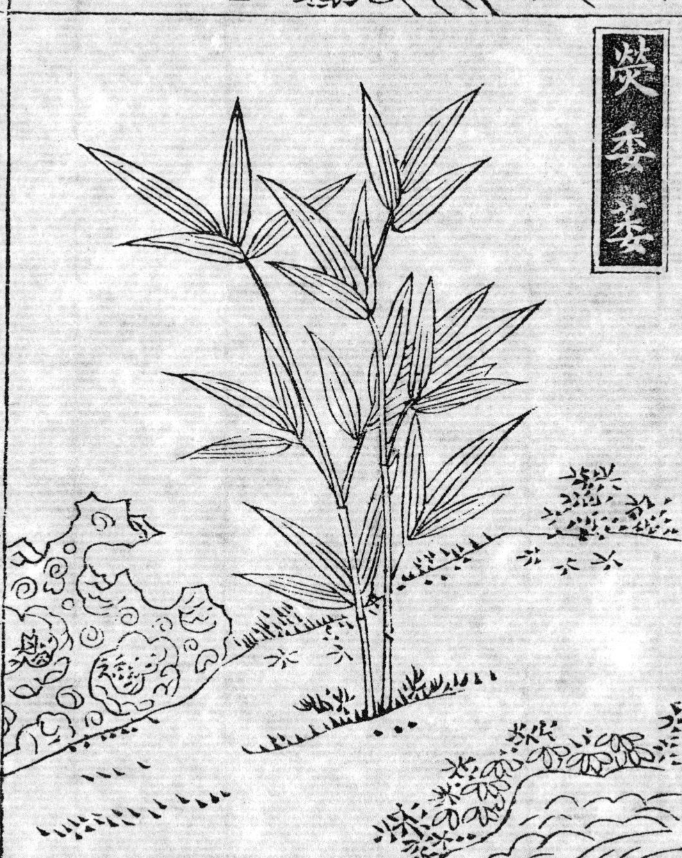
熒委萎

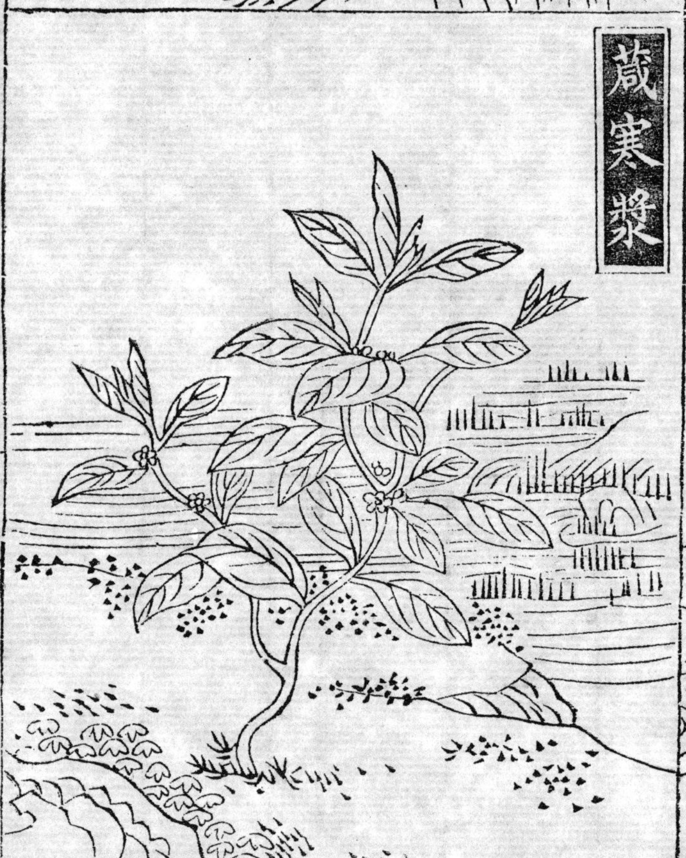
葴寒漿

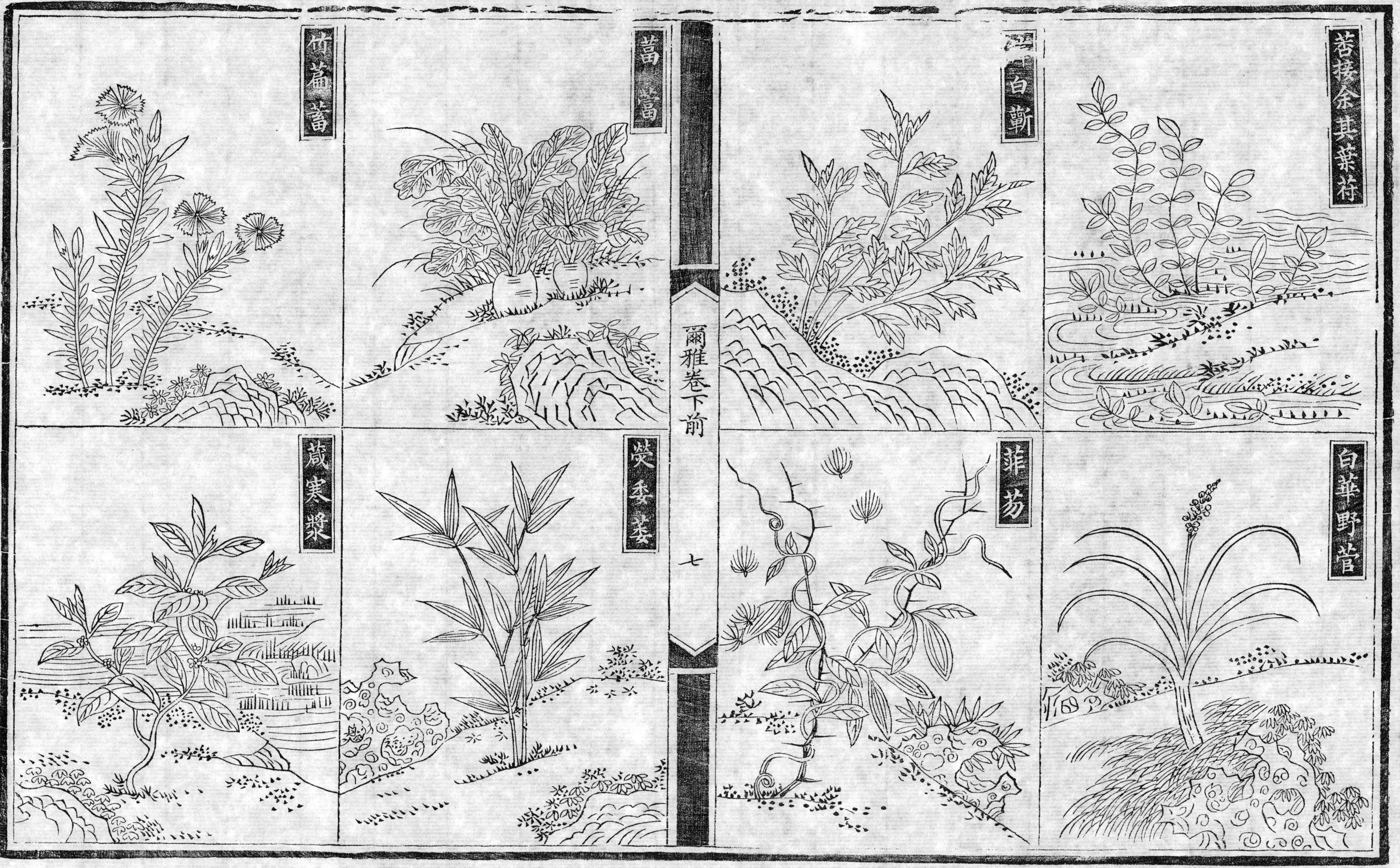

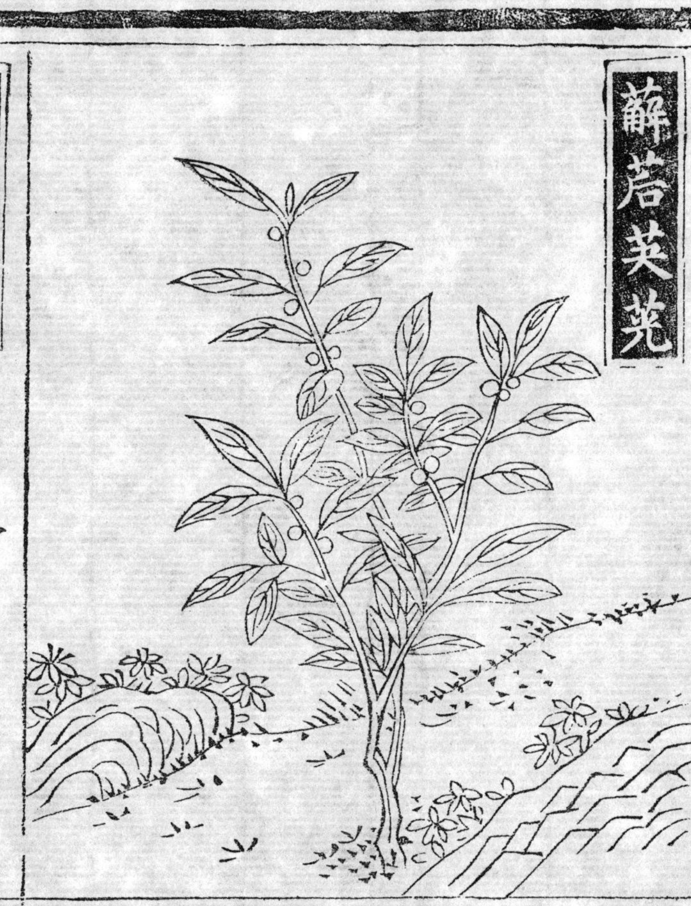
薢茩英茪

瓞瓝其紹瓞

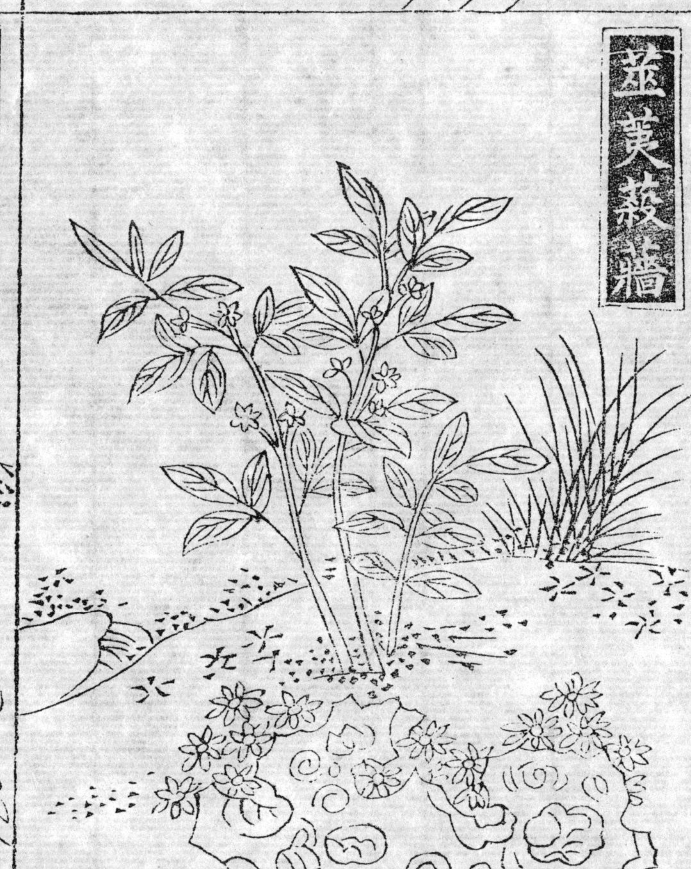
莁荑蔱蘠

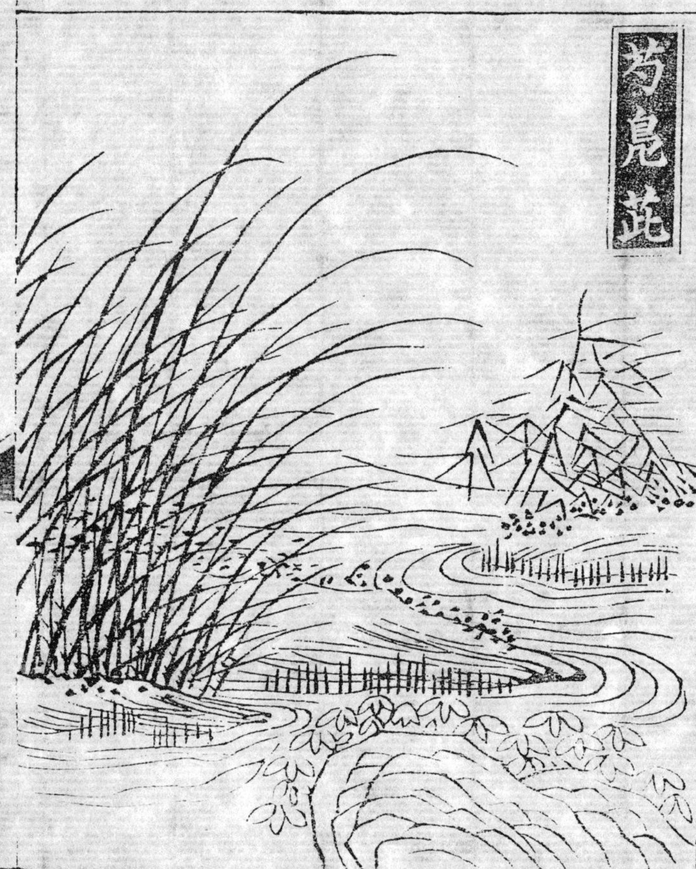
芍鳧茈

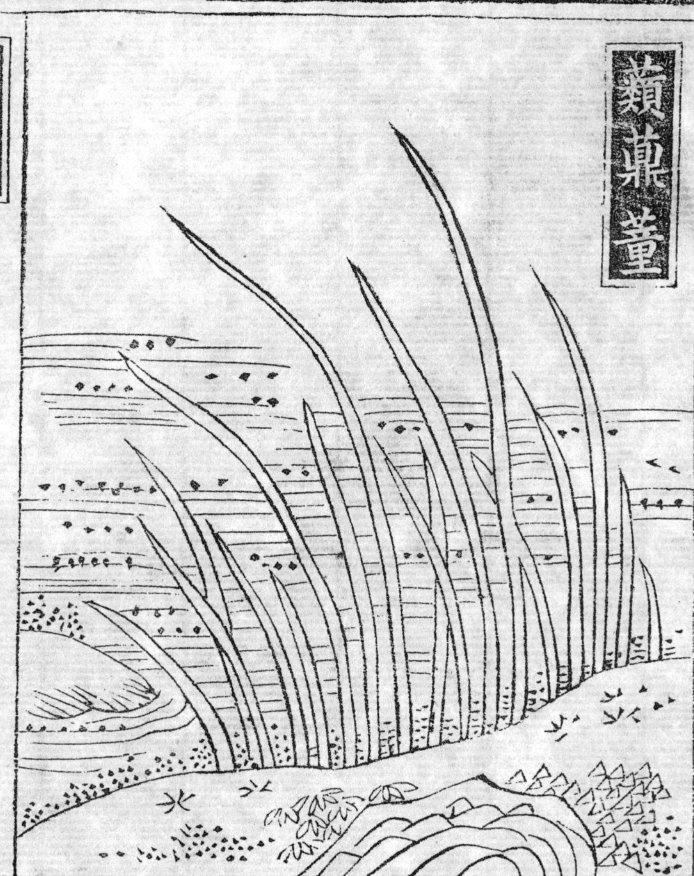
蘱薡董

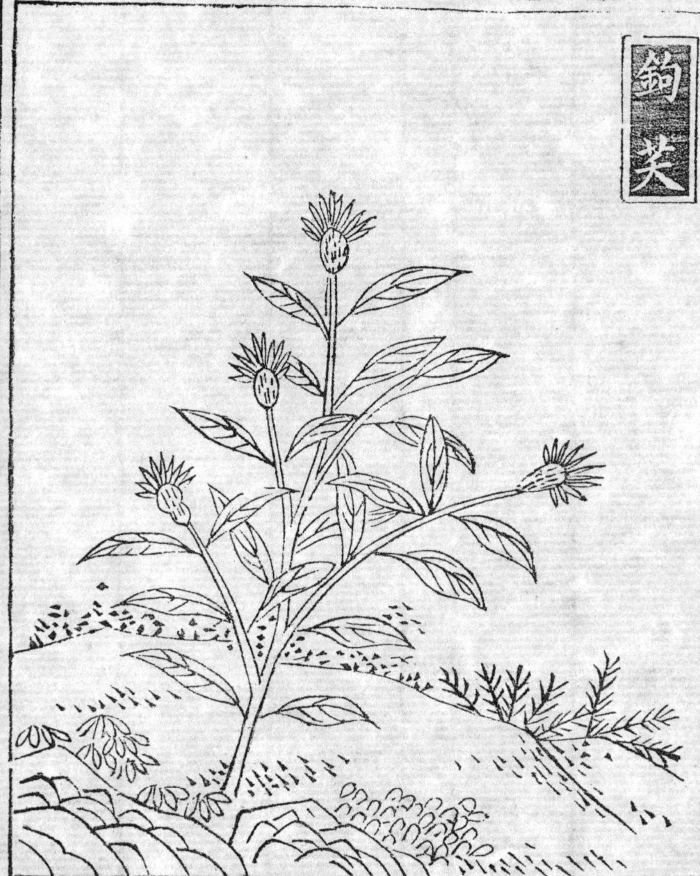
鉤芺

蕛苵

䪥鴻薈

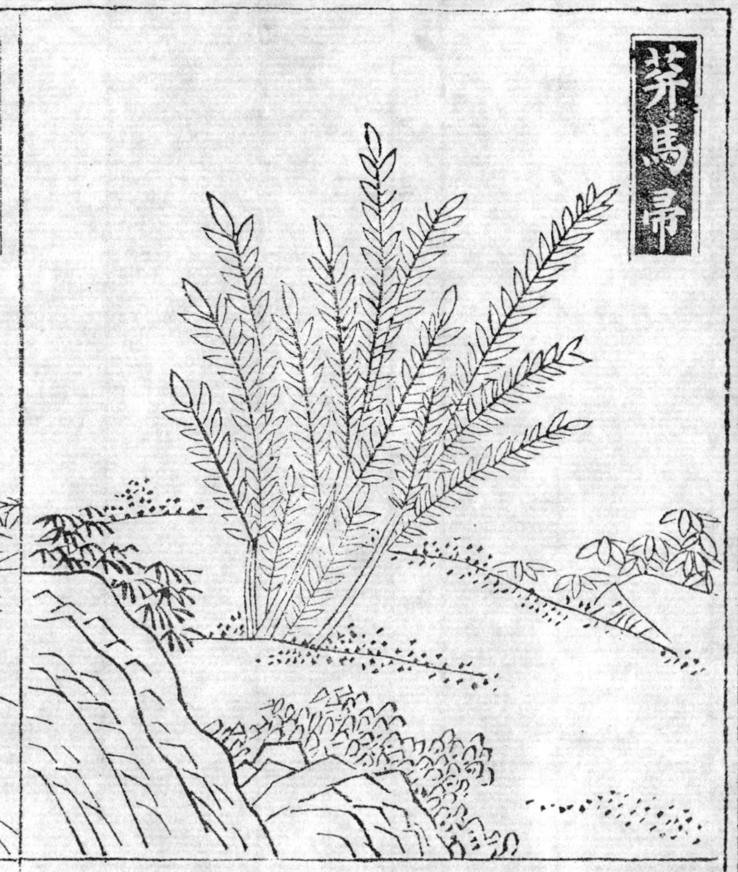
荓馬帚

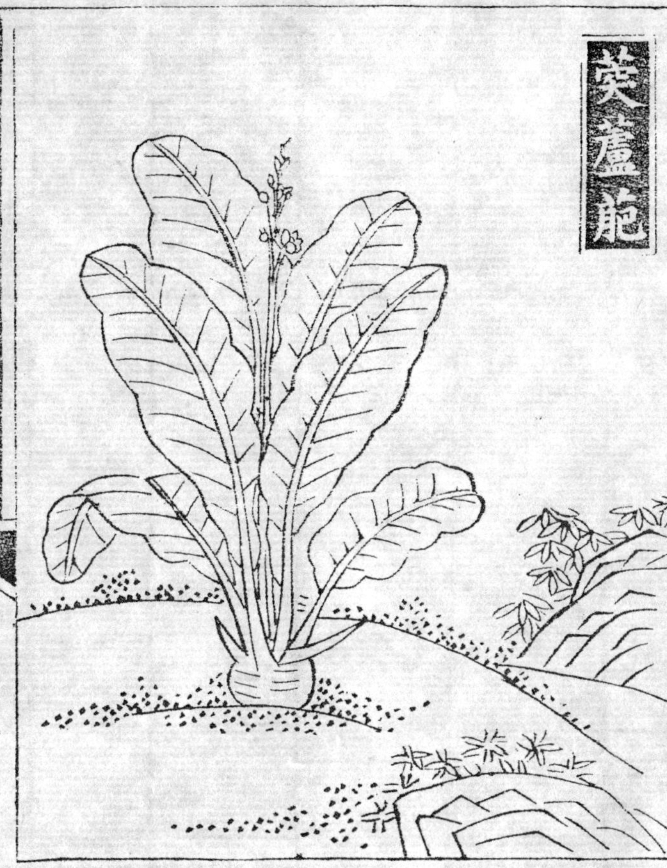
葖蘆萉

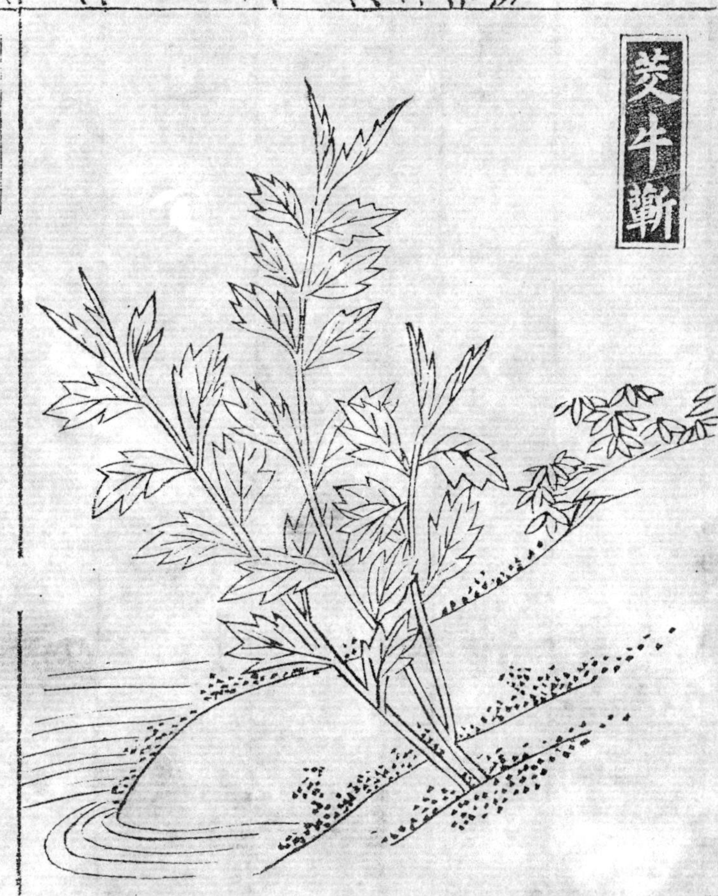
茭牛蘄

苬芝

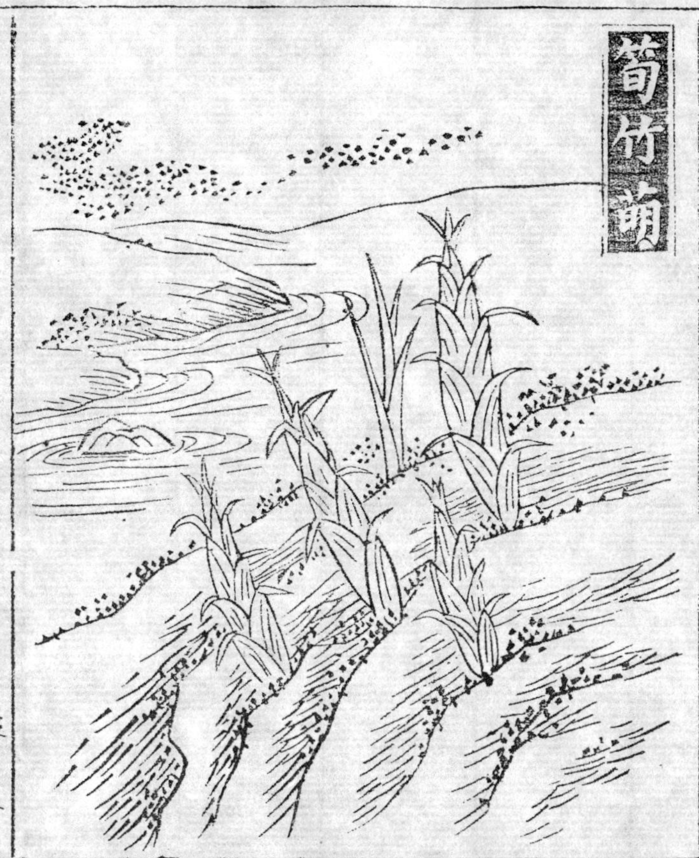
筍竹萌

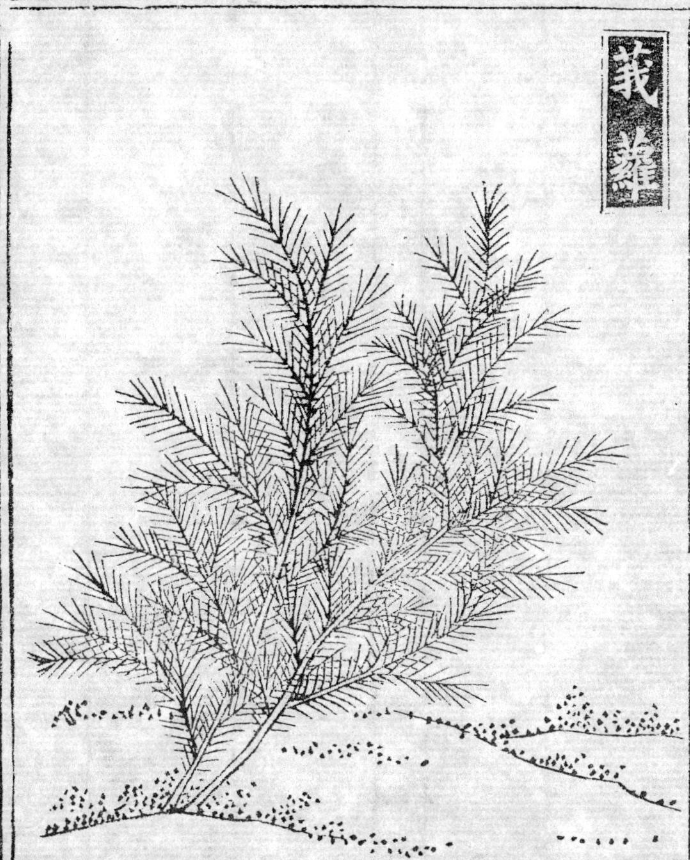
莪蘿

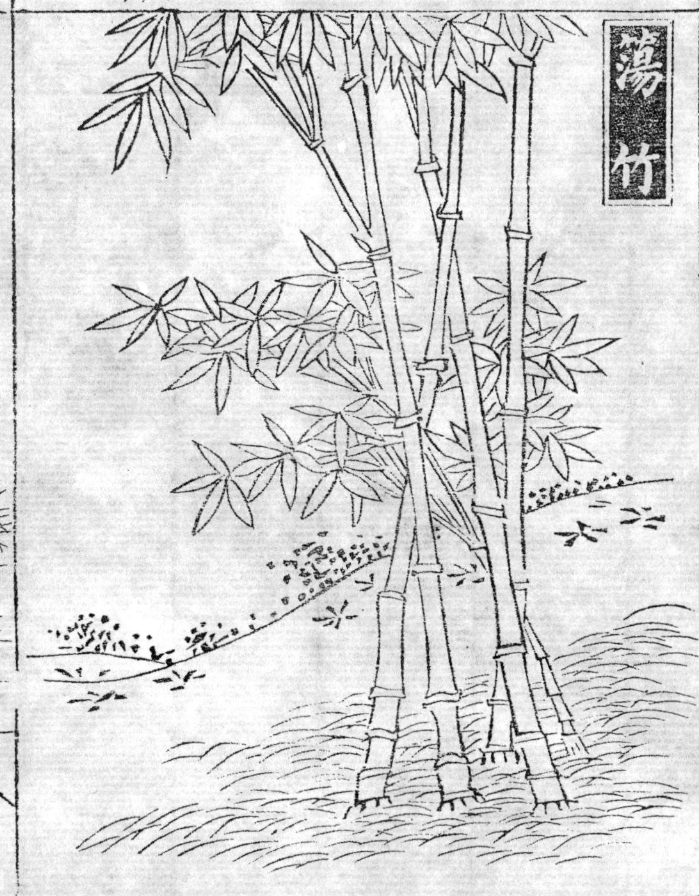
蕩竹

芼蔵芼

莪蘿
筍竹萌
簜竹

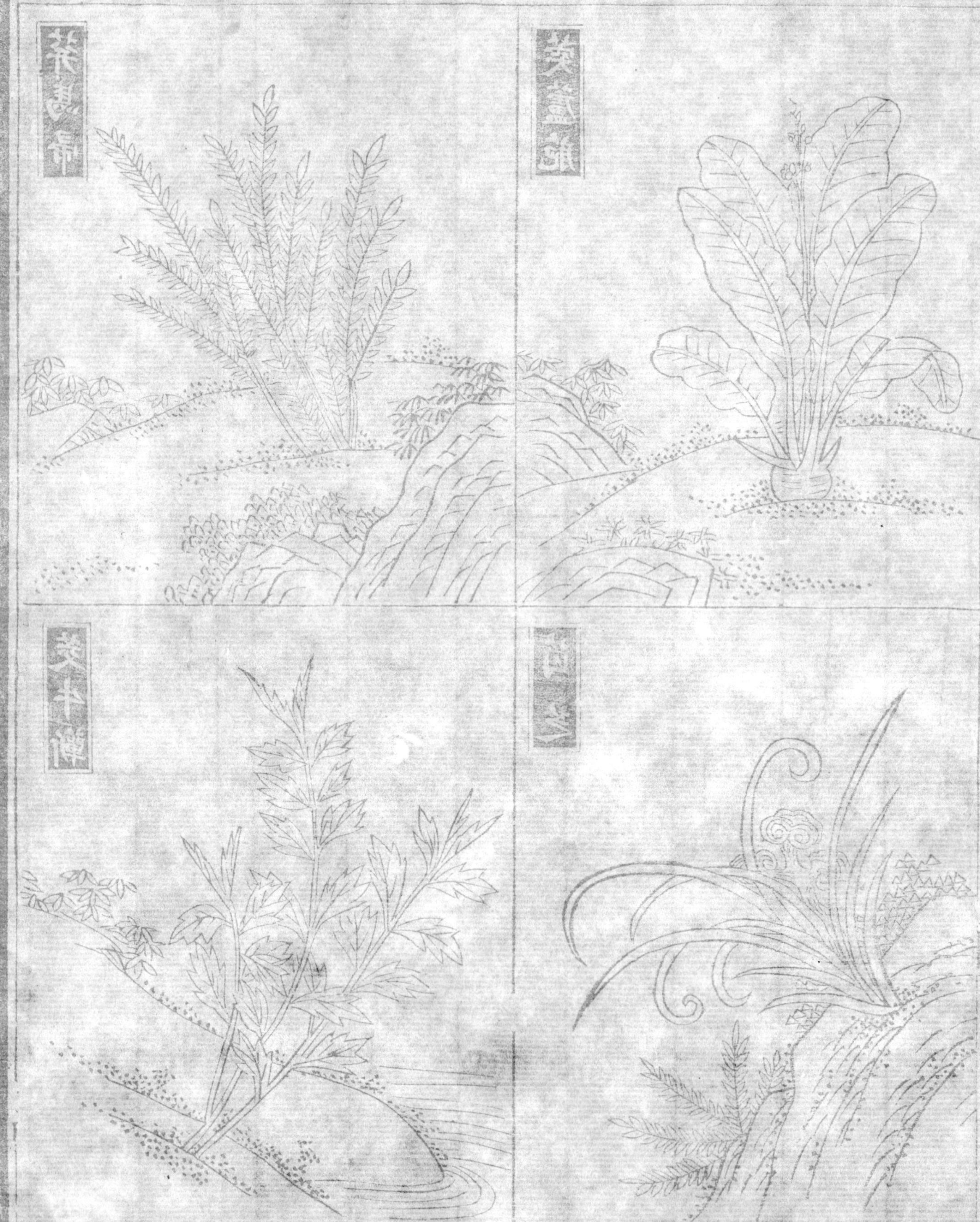
葖蘆萉
荓馬帚
茭牛蘄

爾雅卷下前

郭璞註

釋草第十三

釋木第十四

釋蟲第十五

爾雅卷下前

爾雅卷下首

郭璞注

釋草第十三

釋木第十四

釋蟲第十五

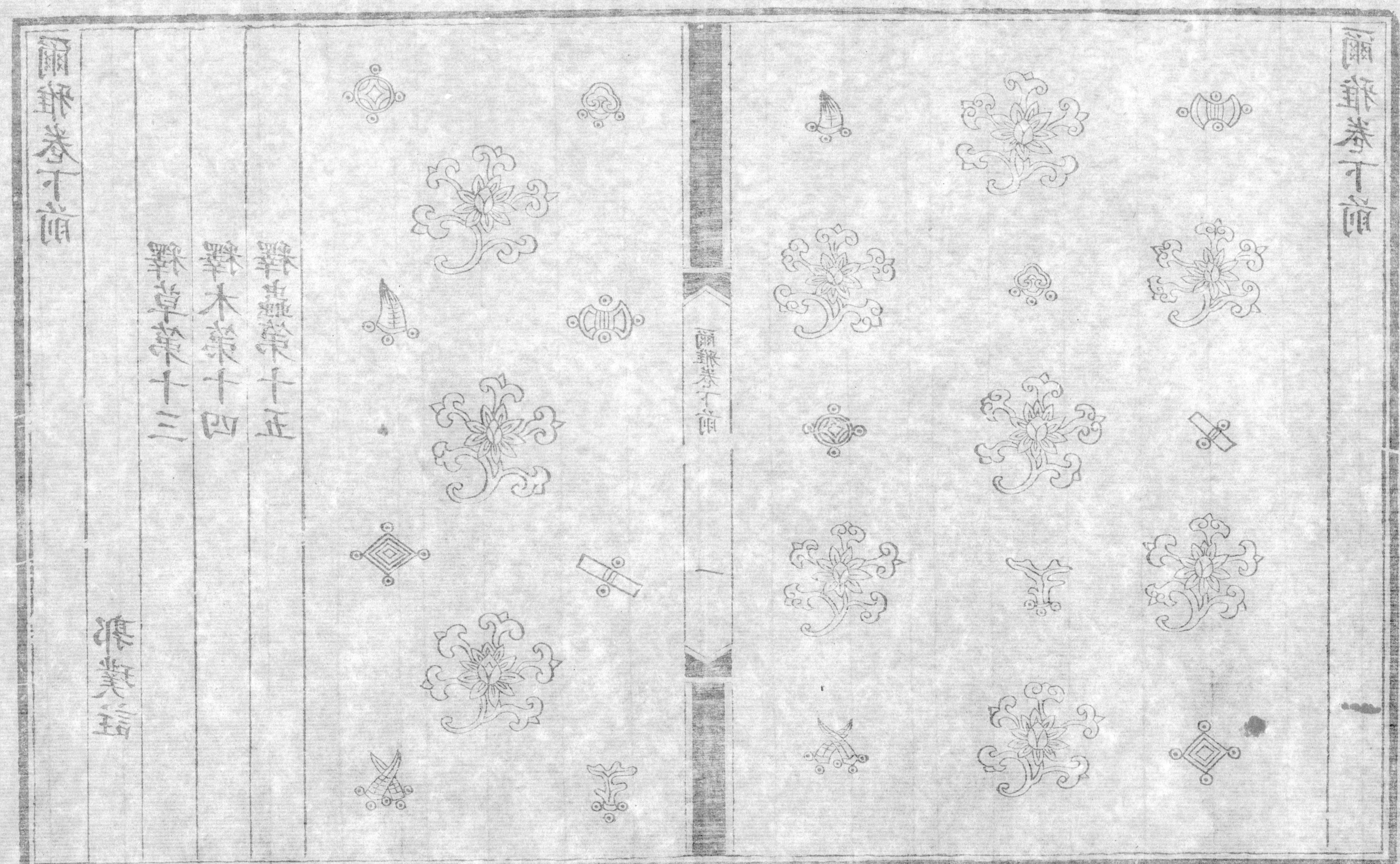

爾雅卷下首

釋草

雈山韭

茖山葱

葝山䪥

蒚山蒜

薜山蘄

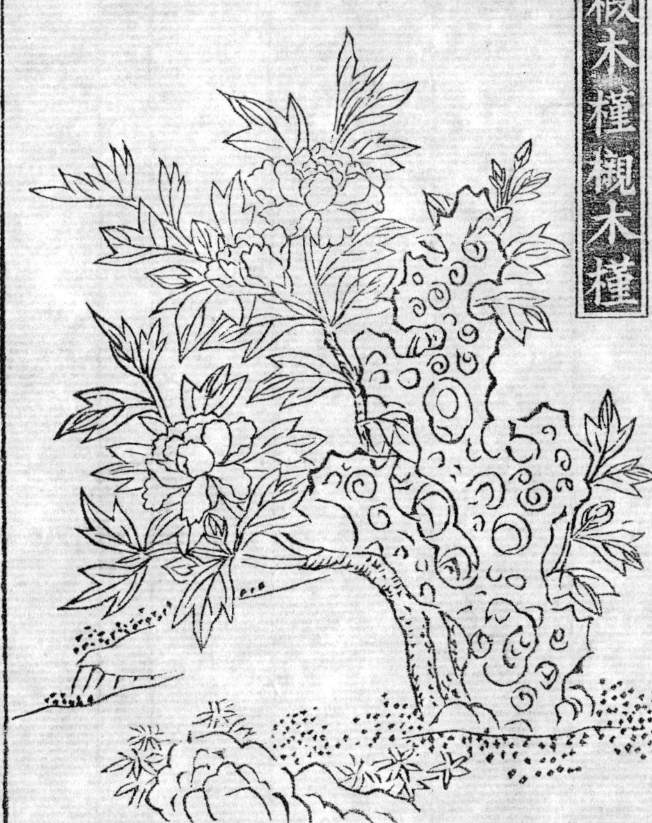
椴木槿櫬木槿

朮山薊

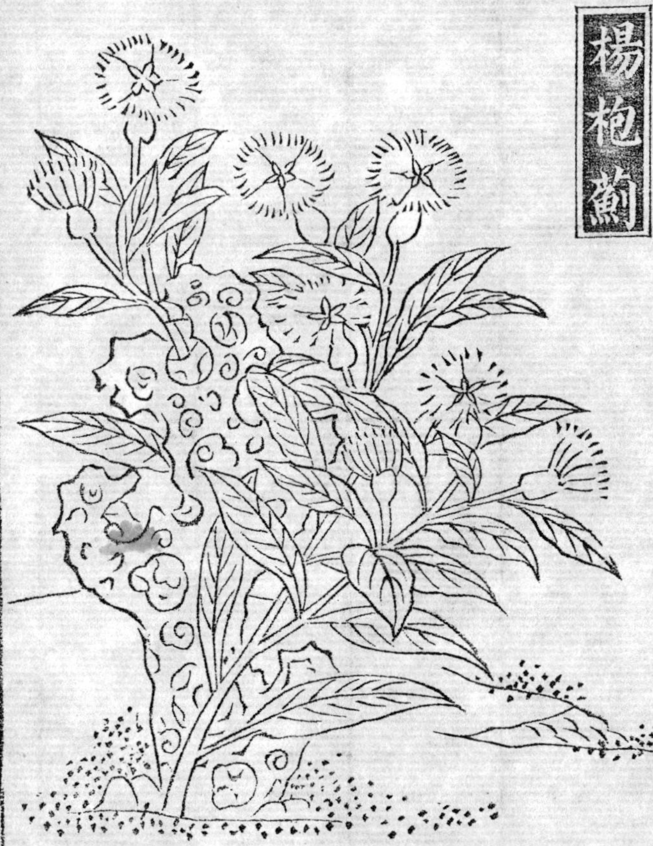
楊枹薊

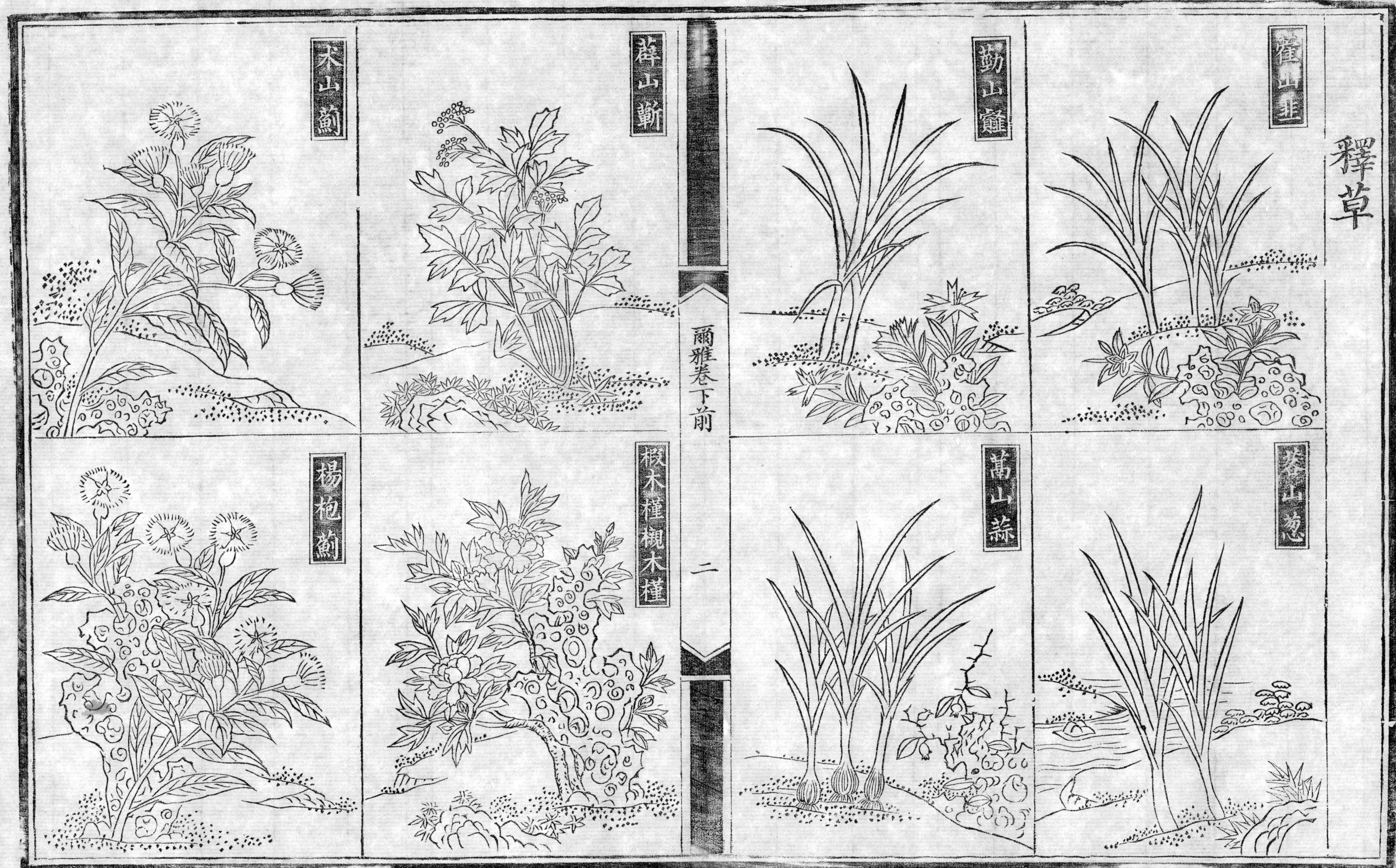

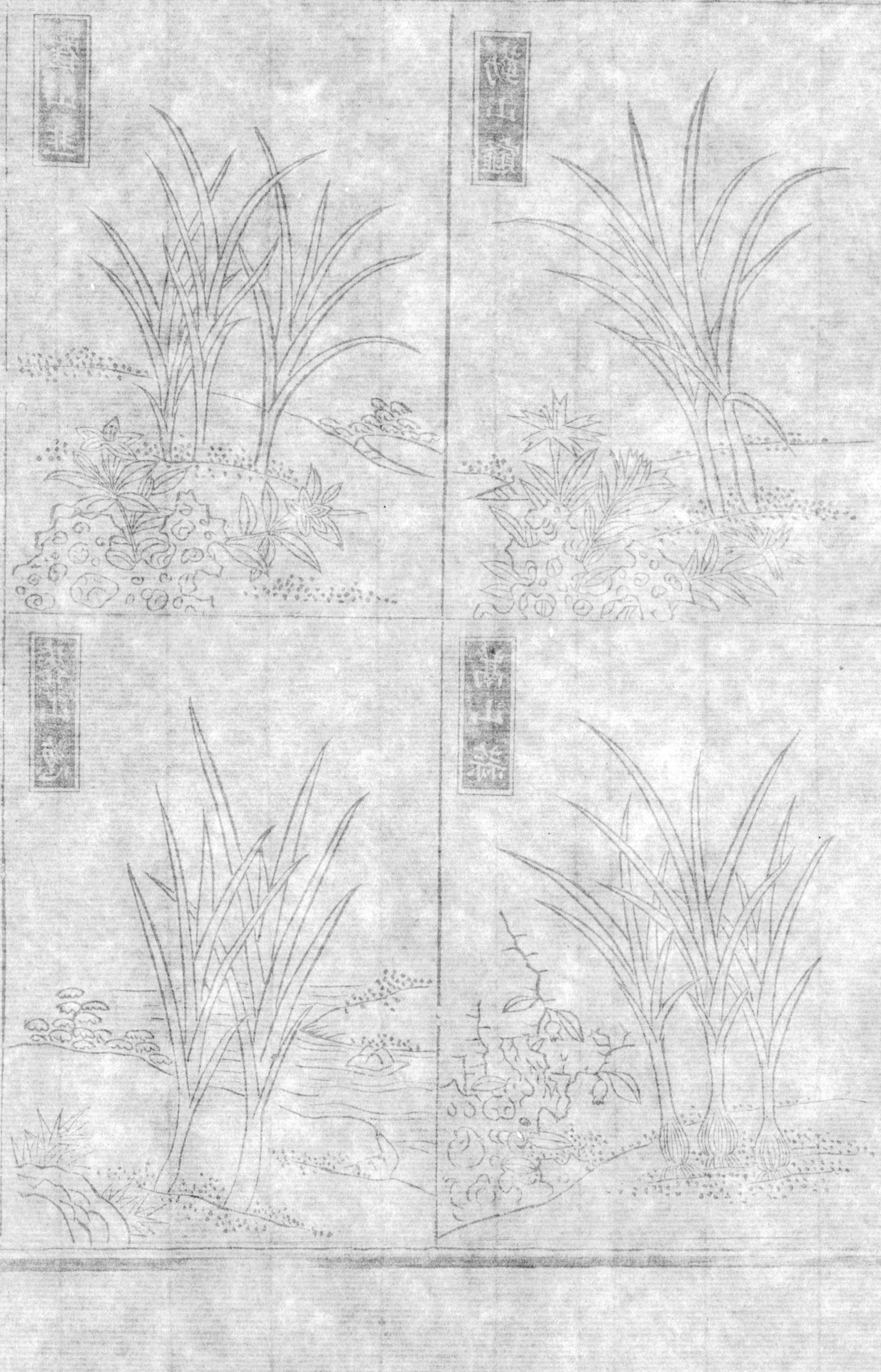

釋草

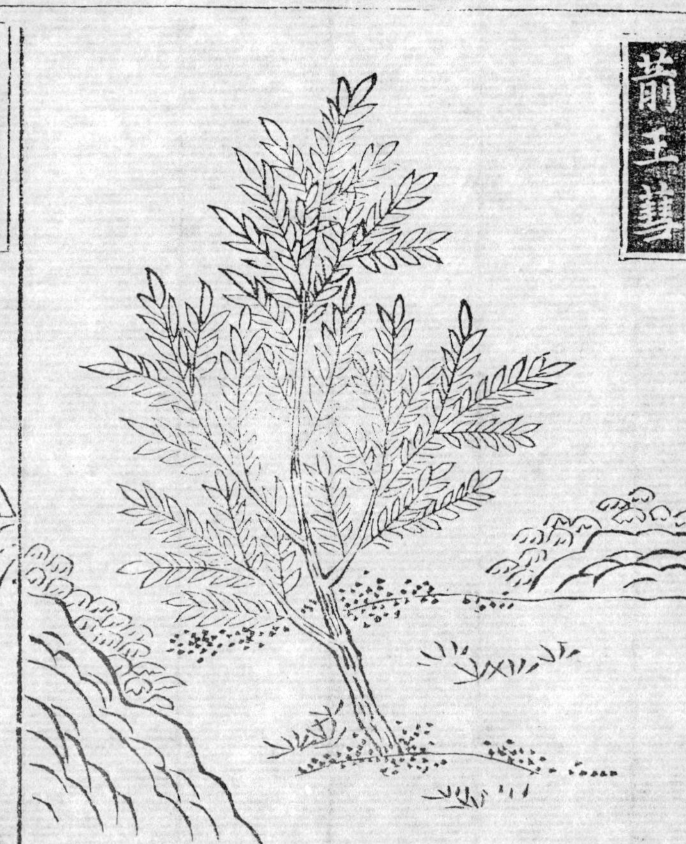
葥王蔧

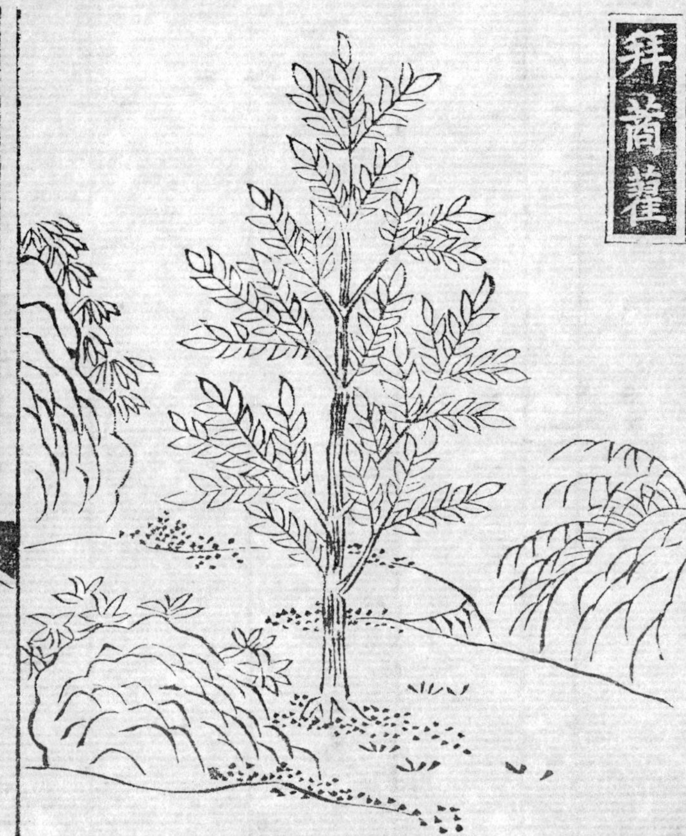
拜蔏藋

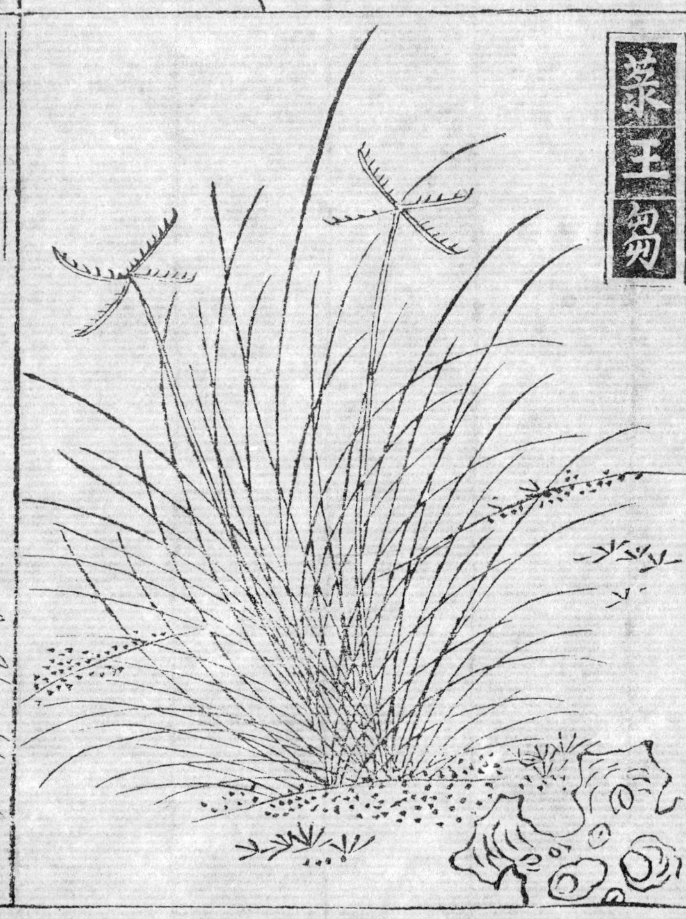
菉王芻

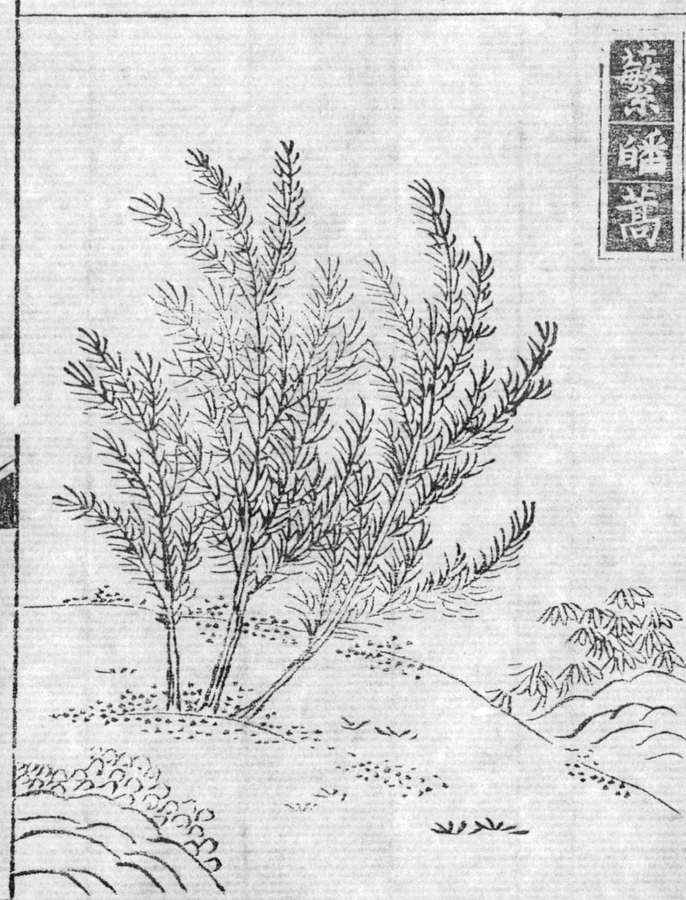
蘩皤蒿

蒿菣

齧彫蓬薦黍蓬

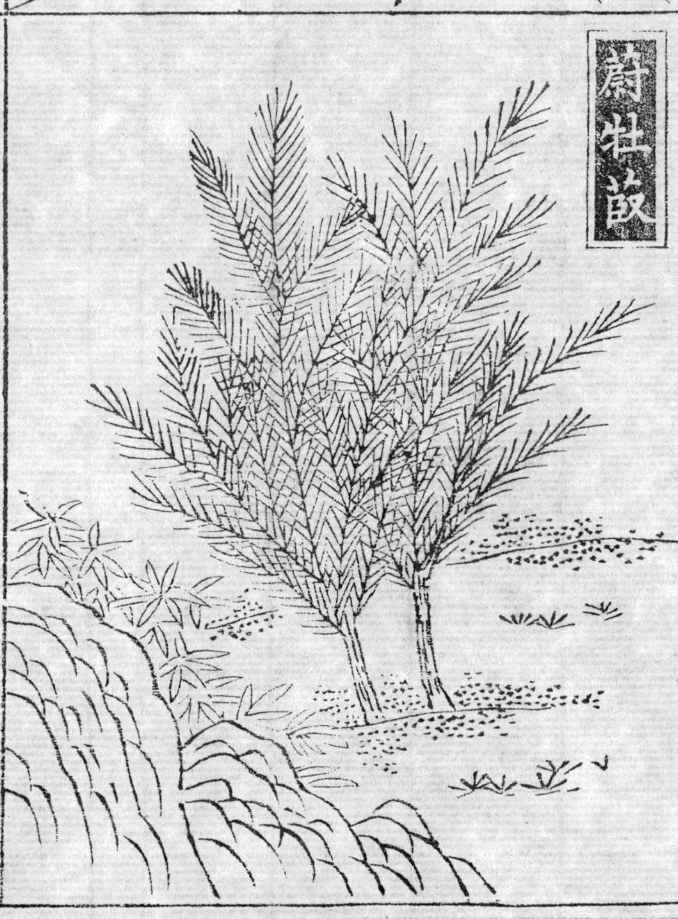
蔚牡菣

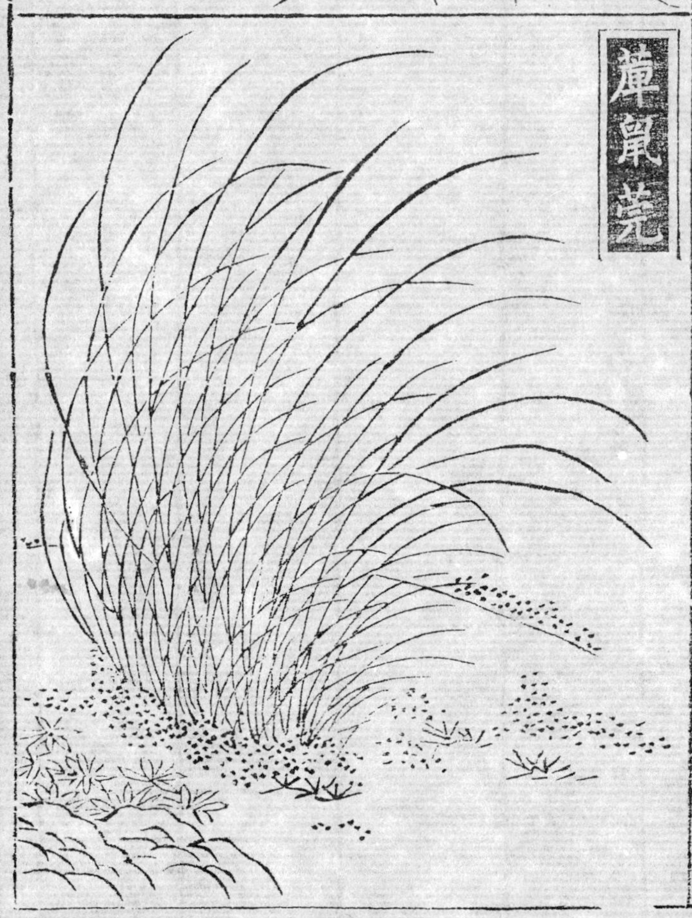
蔨鼠莞

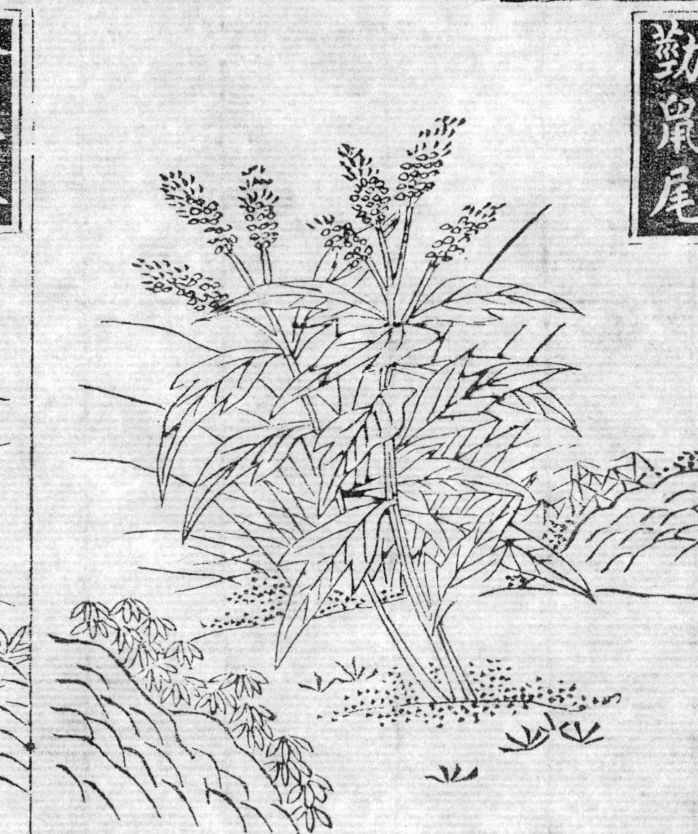
葝鼠尾

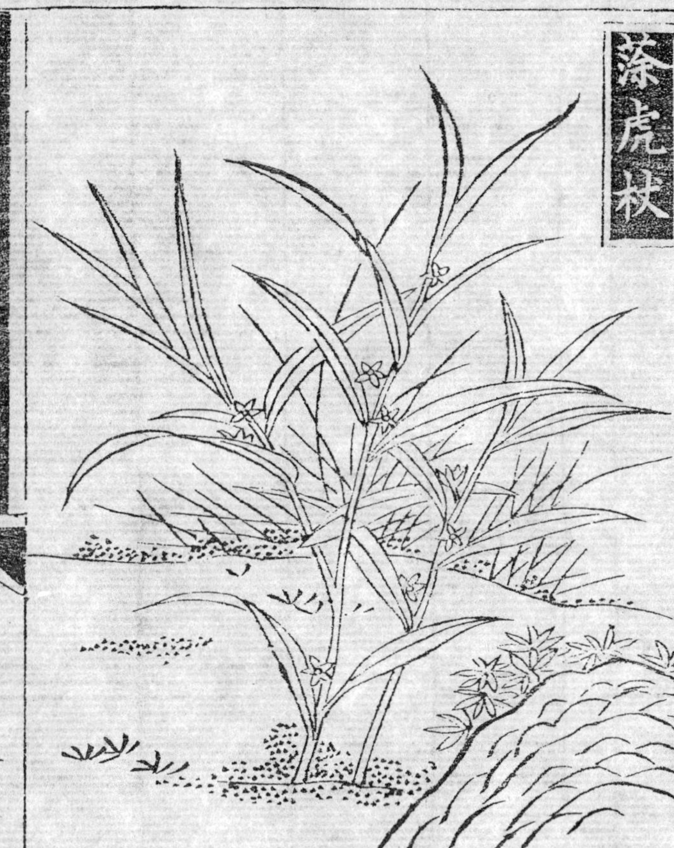
蒤虎杖

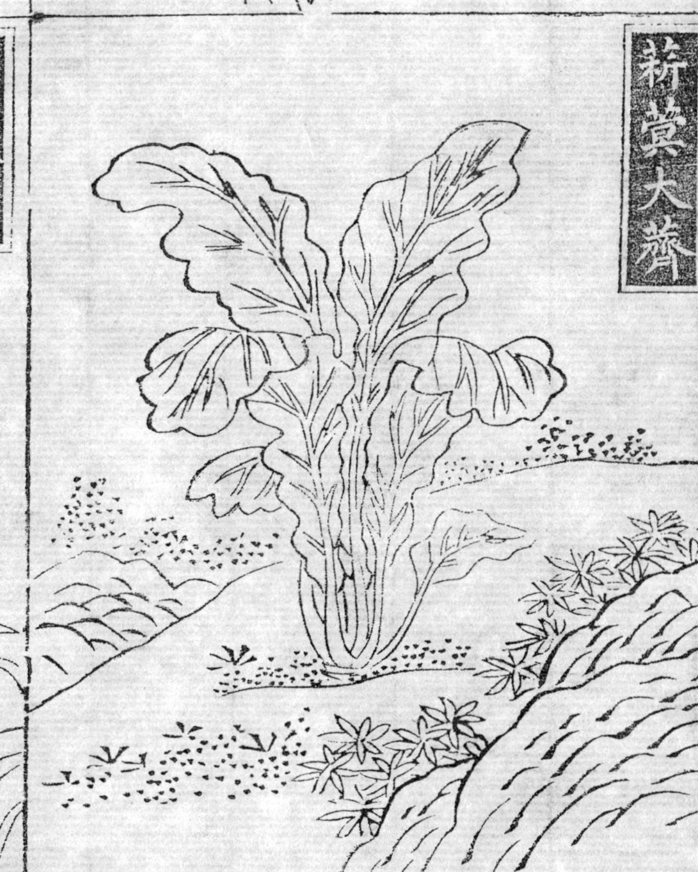
菥蓂大薺

孟狼尾

瓠棲瓣

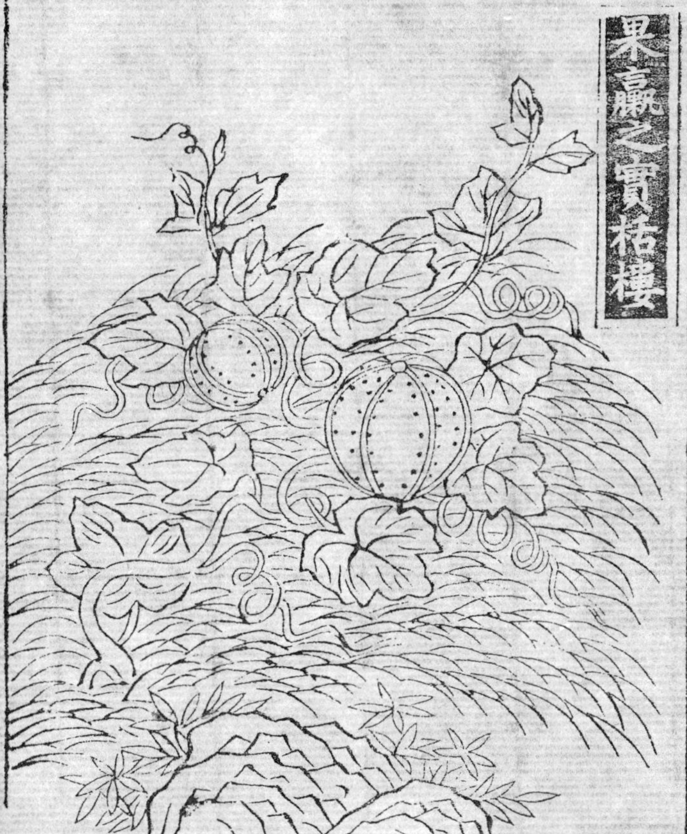
果臝之實栝樓

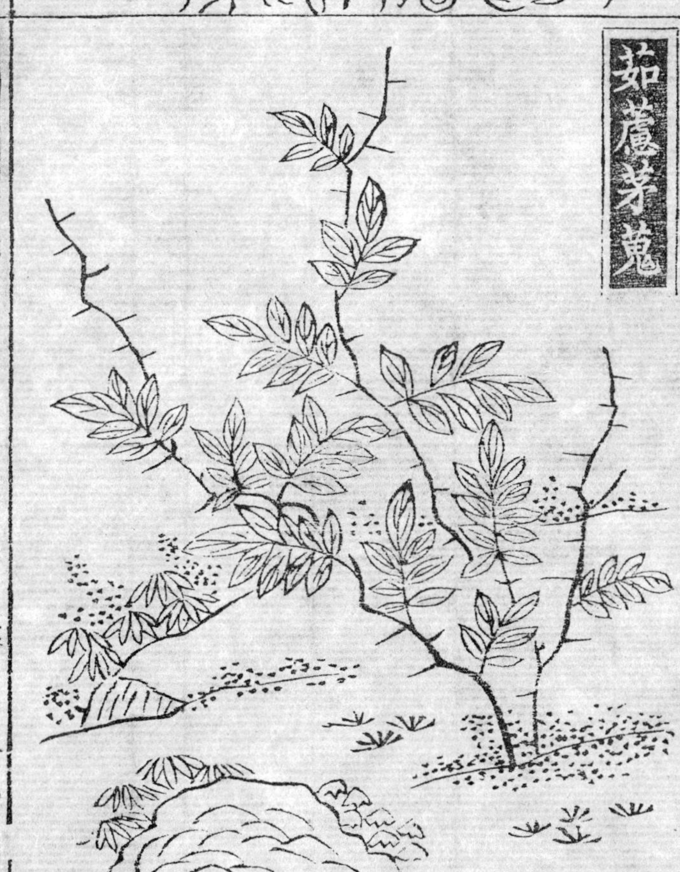
茹藘茅蒐

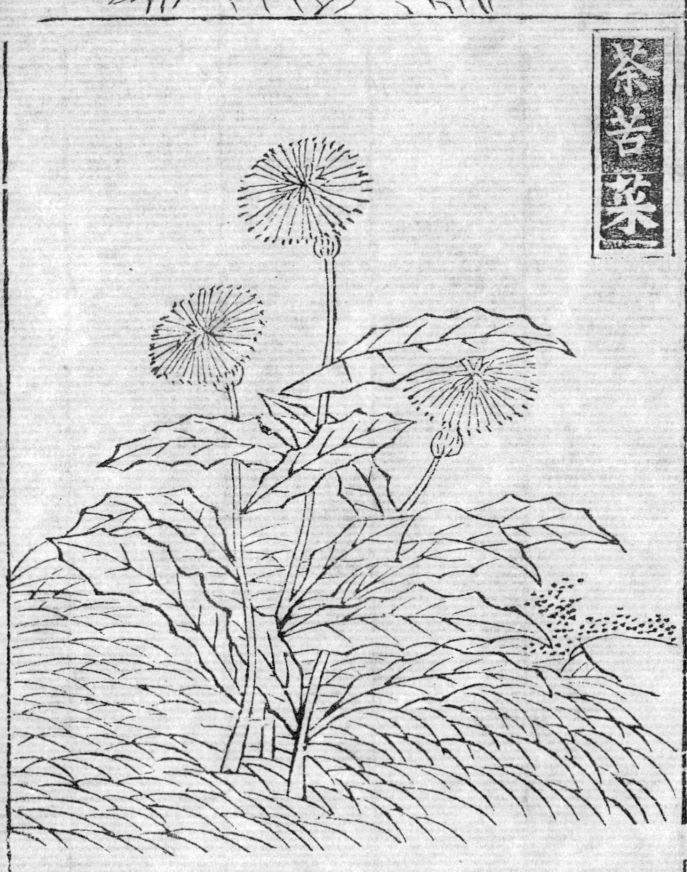
荼苦菜

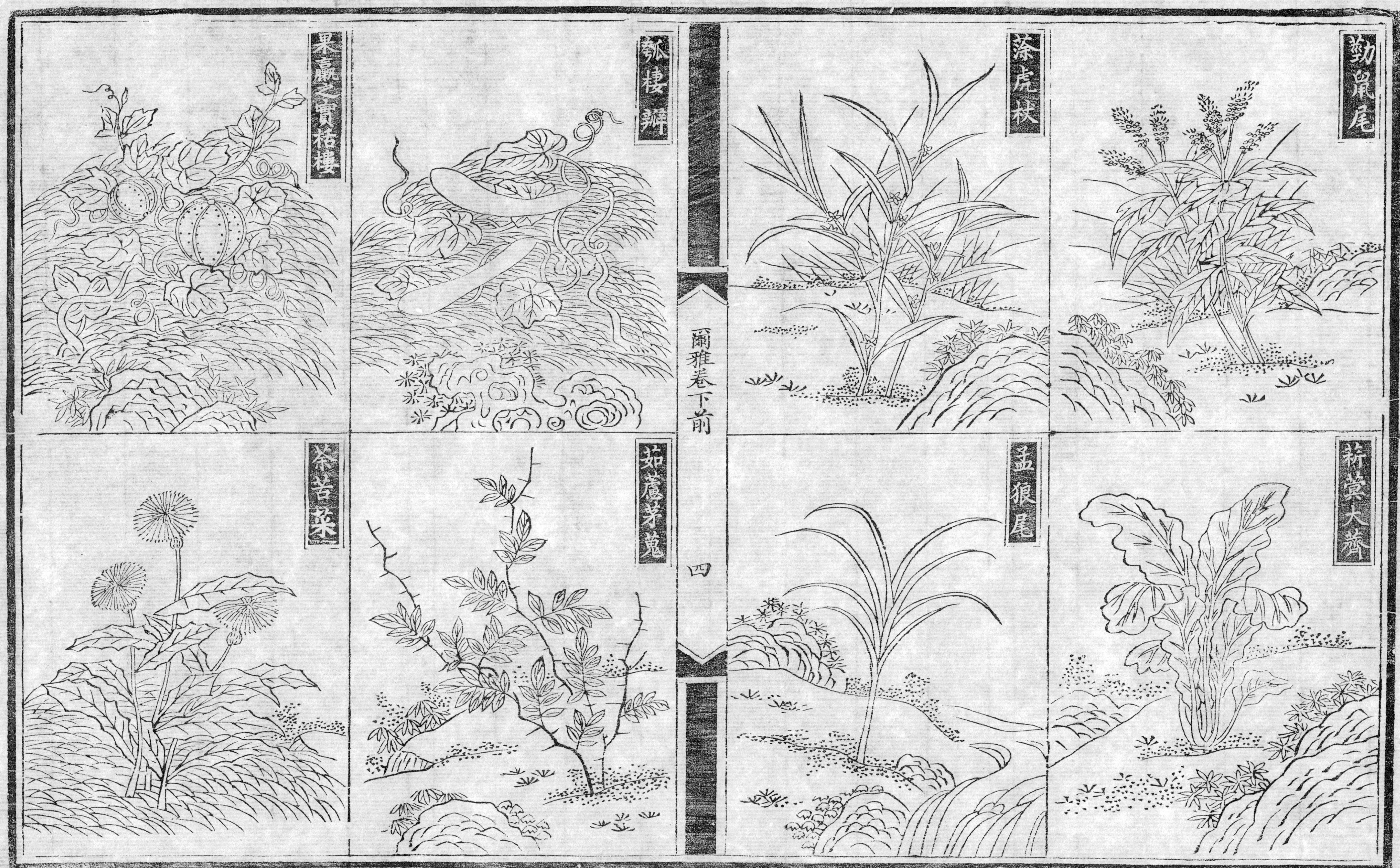

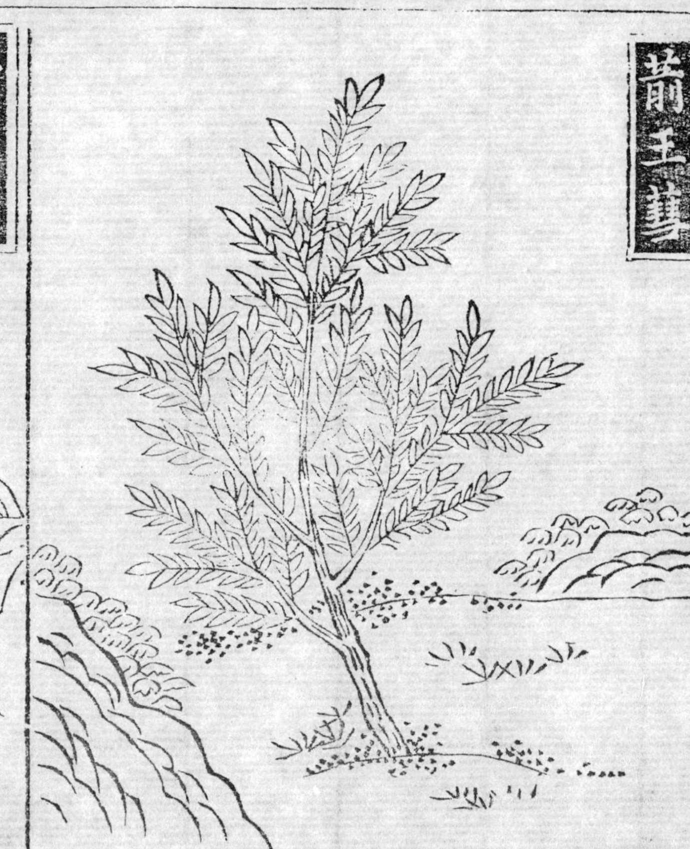
葥王蔧

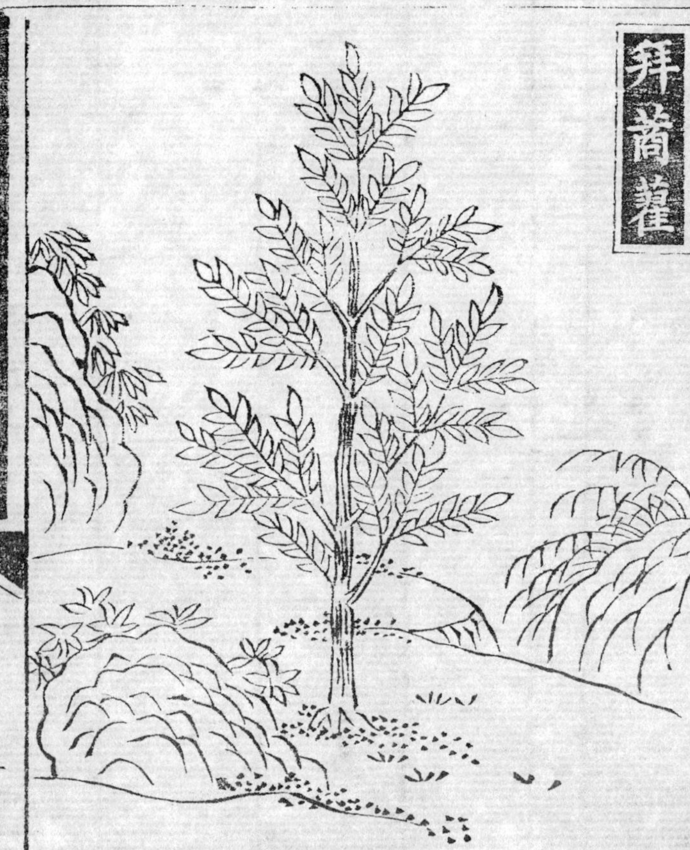
拜蔏藋

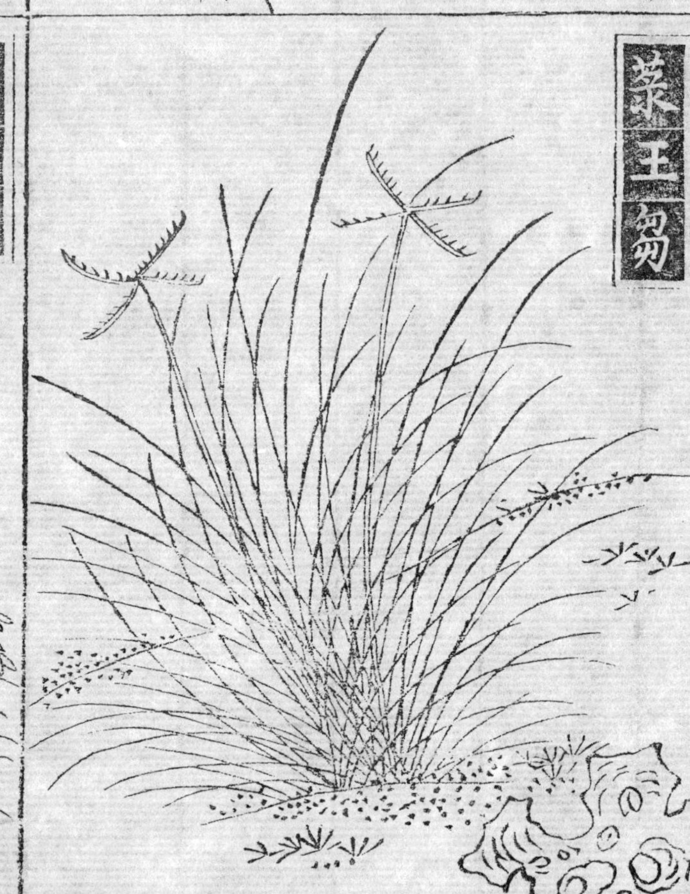
菉王芻

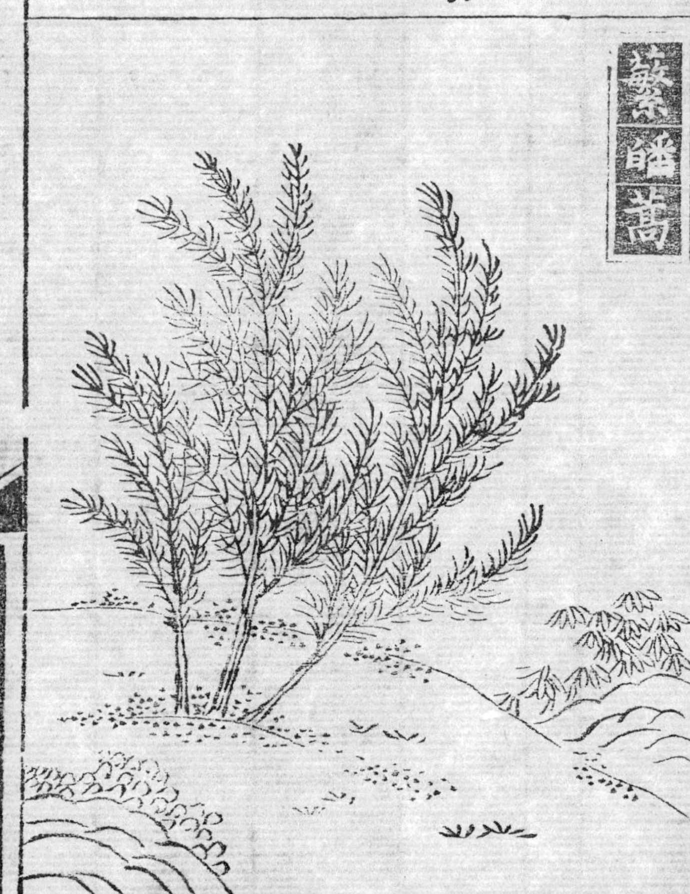
蘩皤蒿

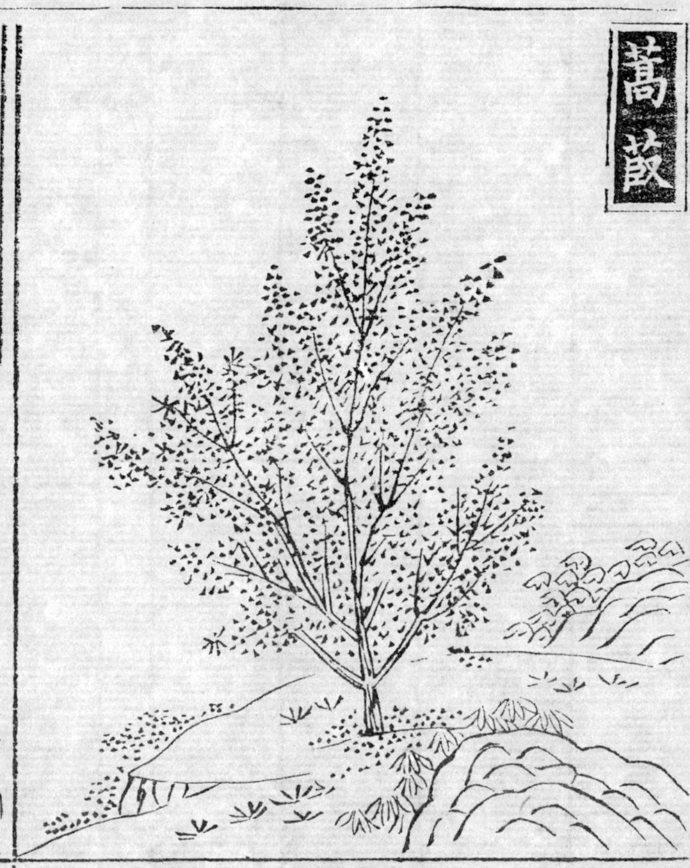
蒿菣

齧彫蓬薦黍蓬

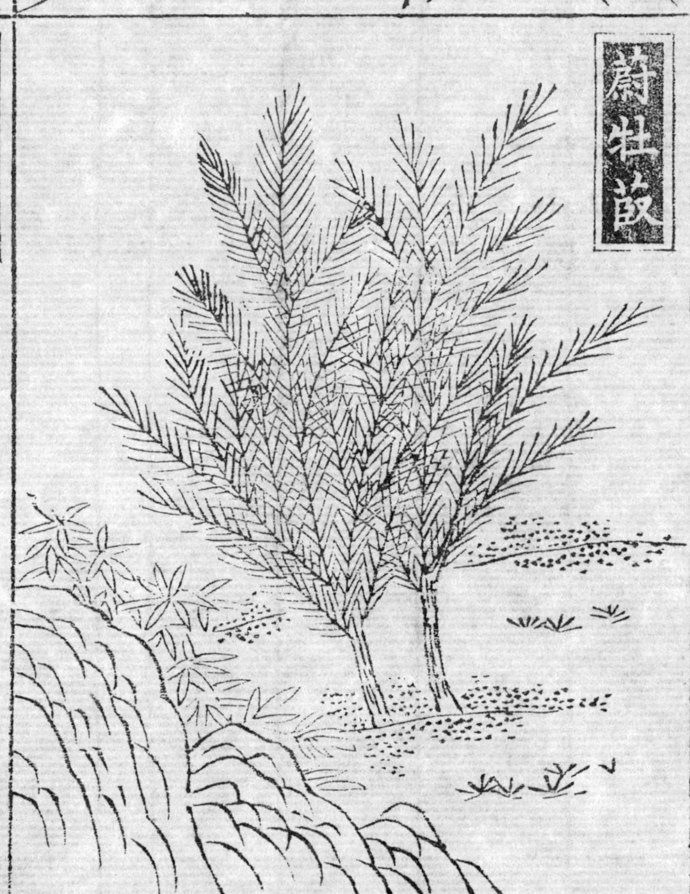
蔚牡菣

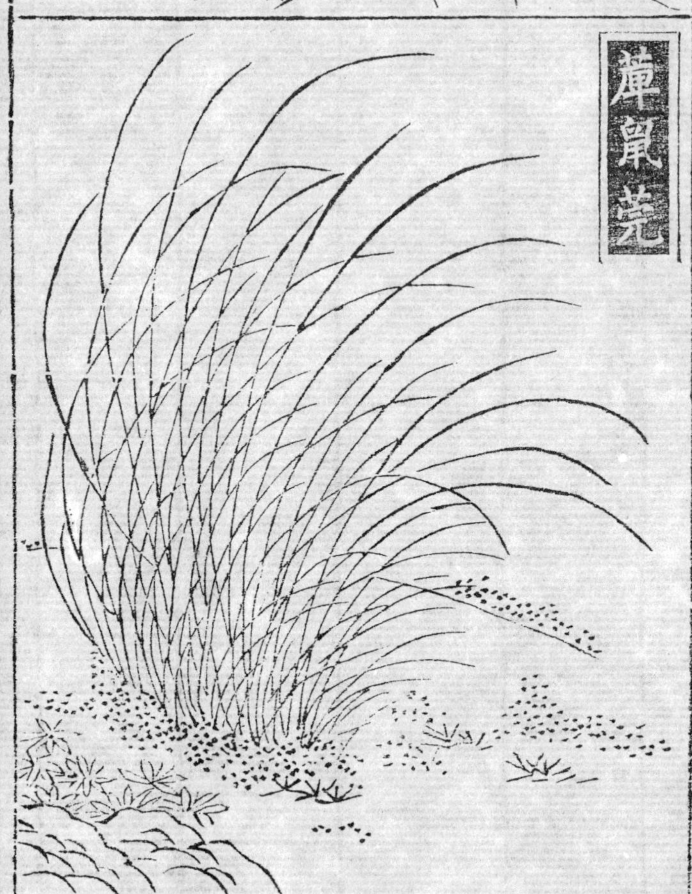
萆鼠莞

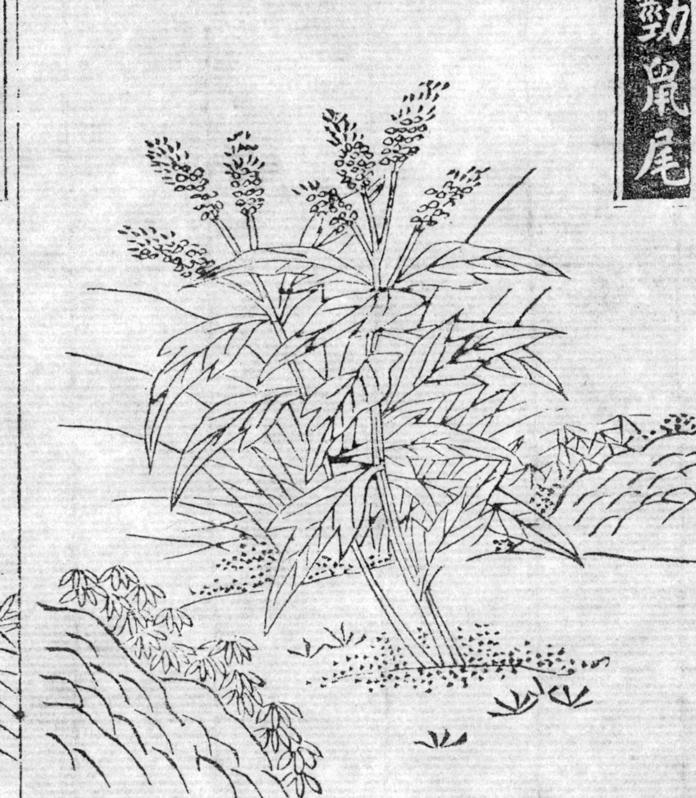
葝鼠尾

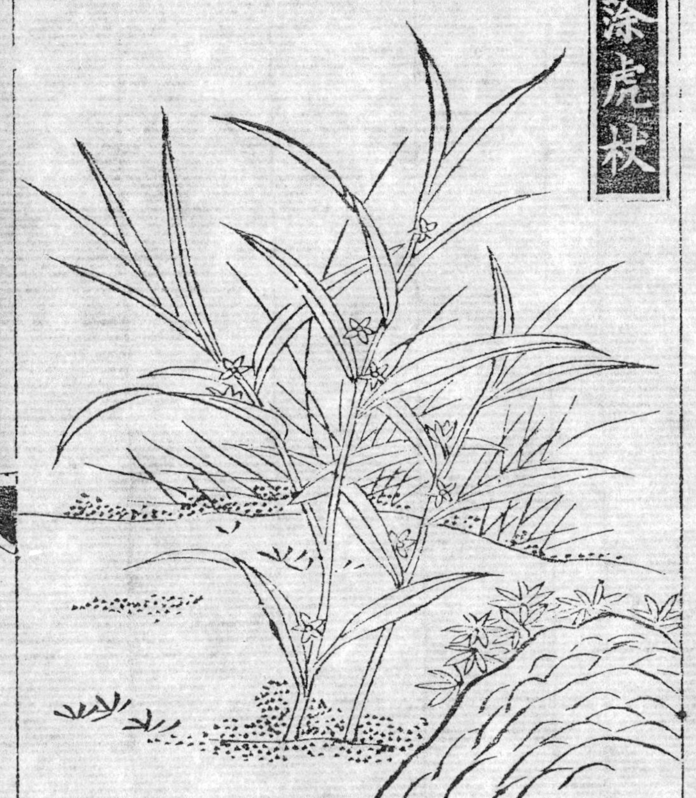
蒤虎杖

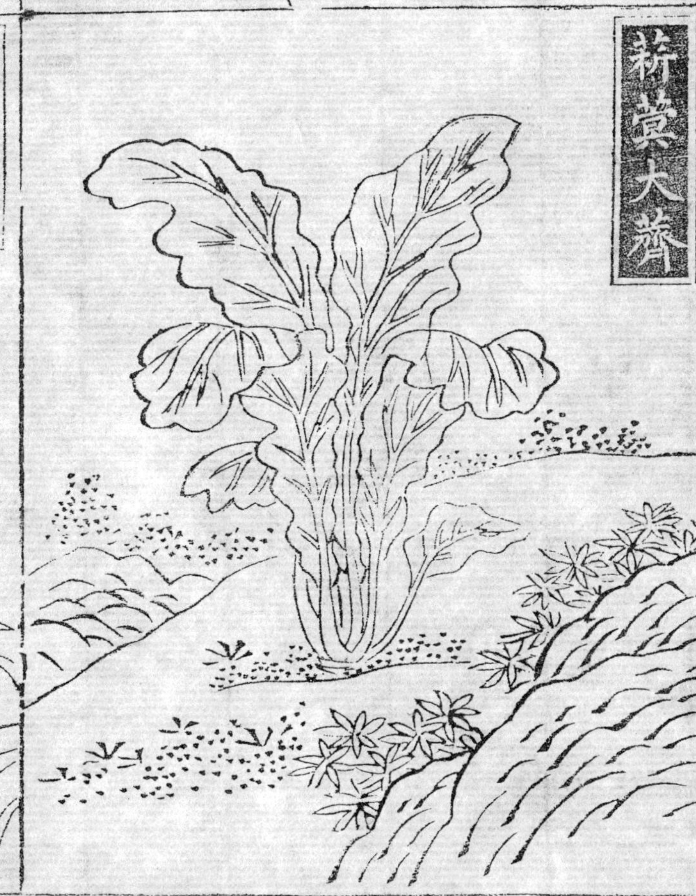
菥蓂大薺

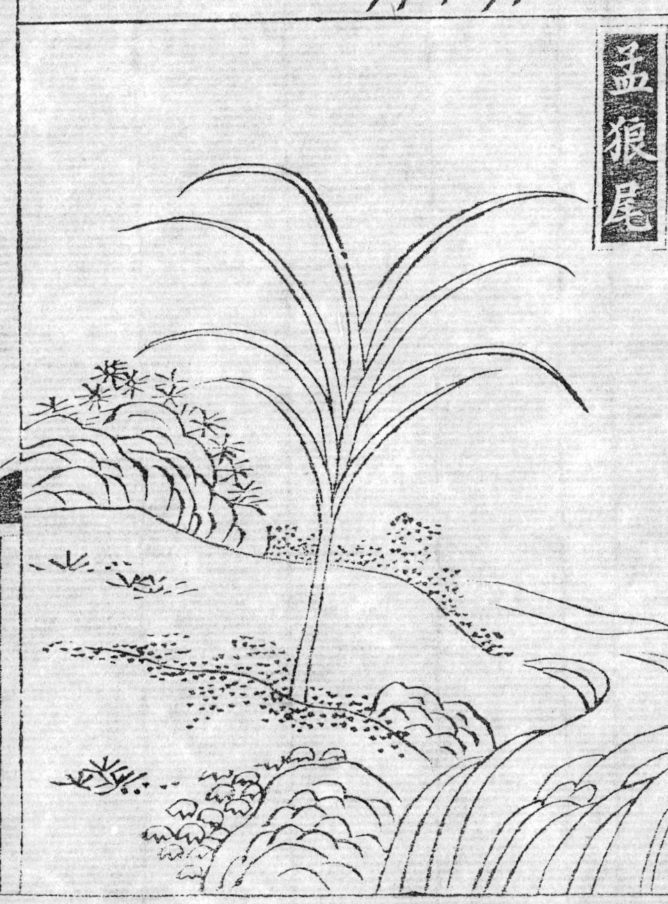
孟狼尾

瓠棲瓣

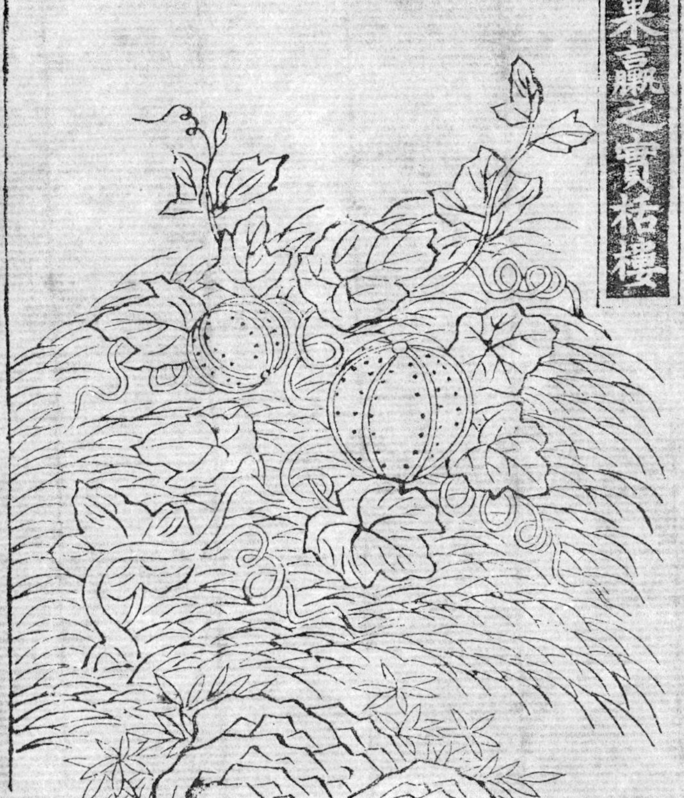
果蠃之實栝樓

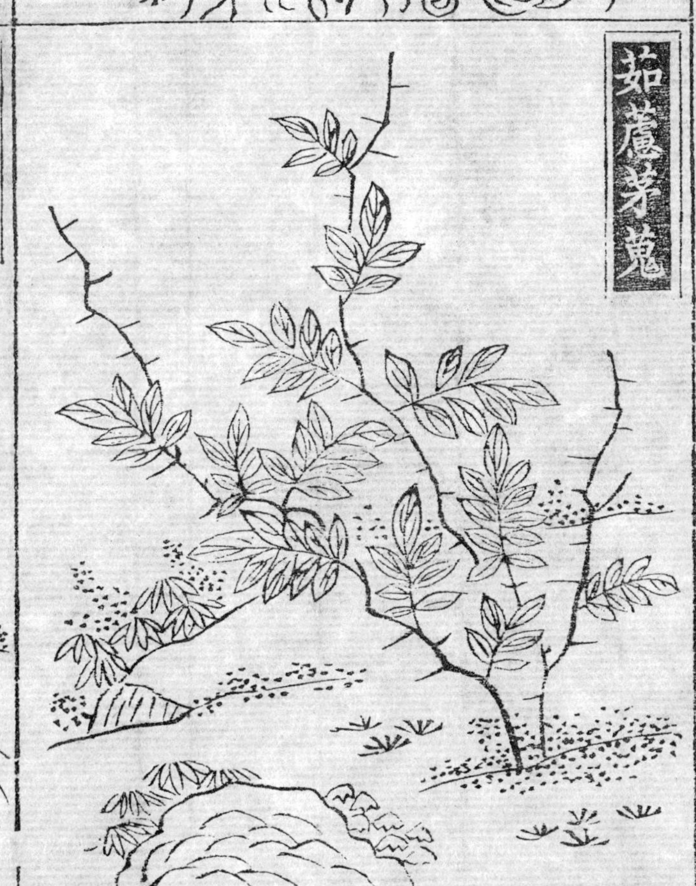
茹藘茅蒐

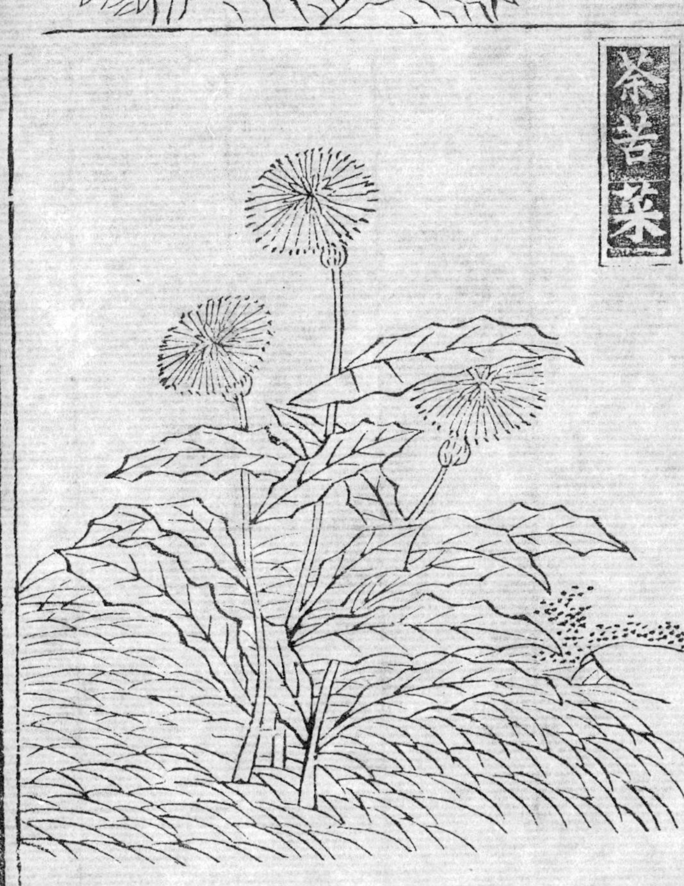
荼苦菜

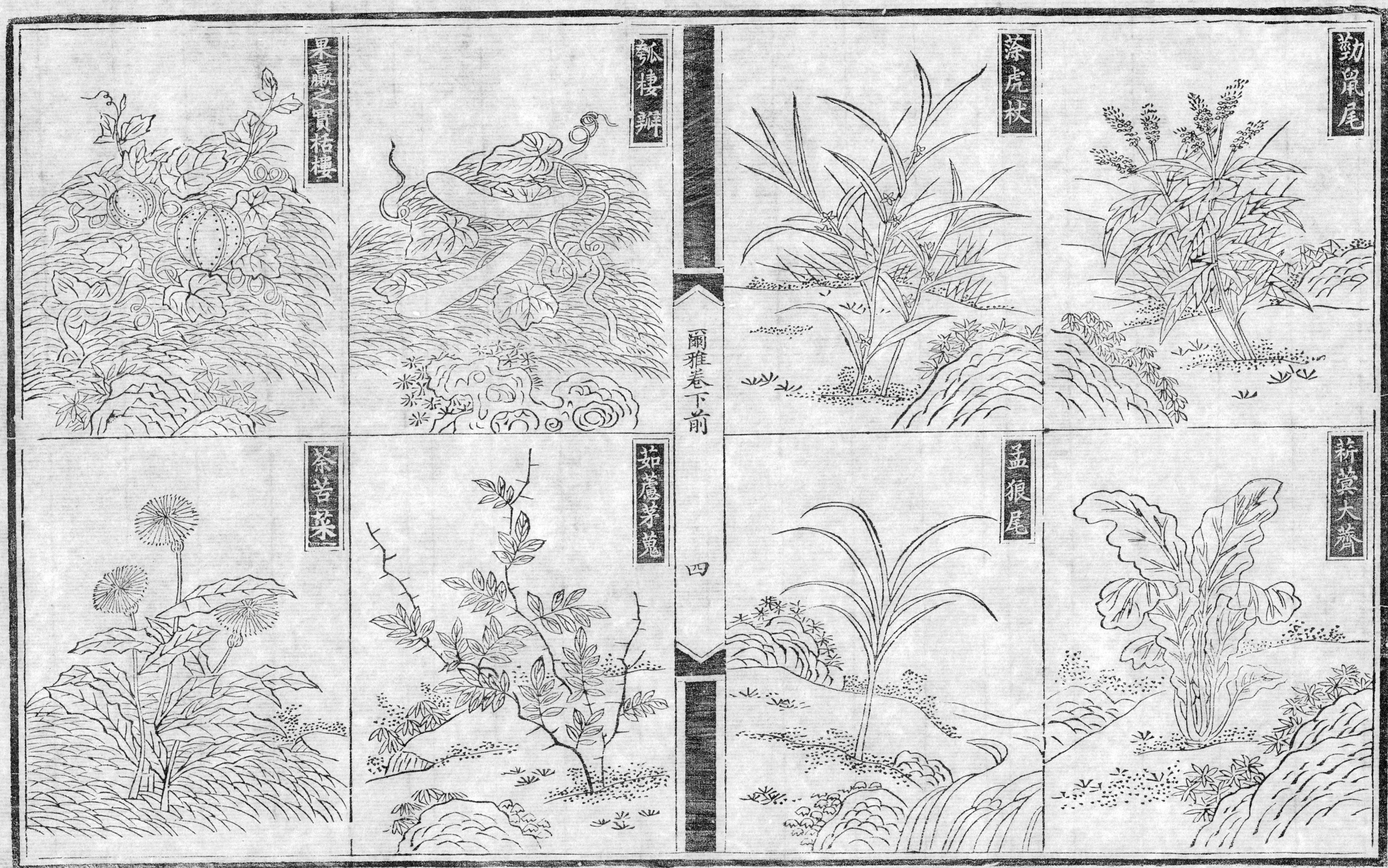

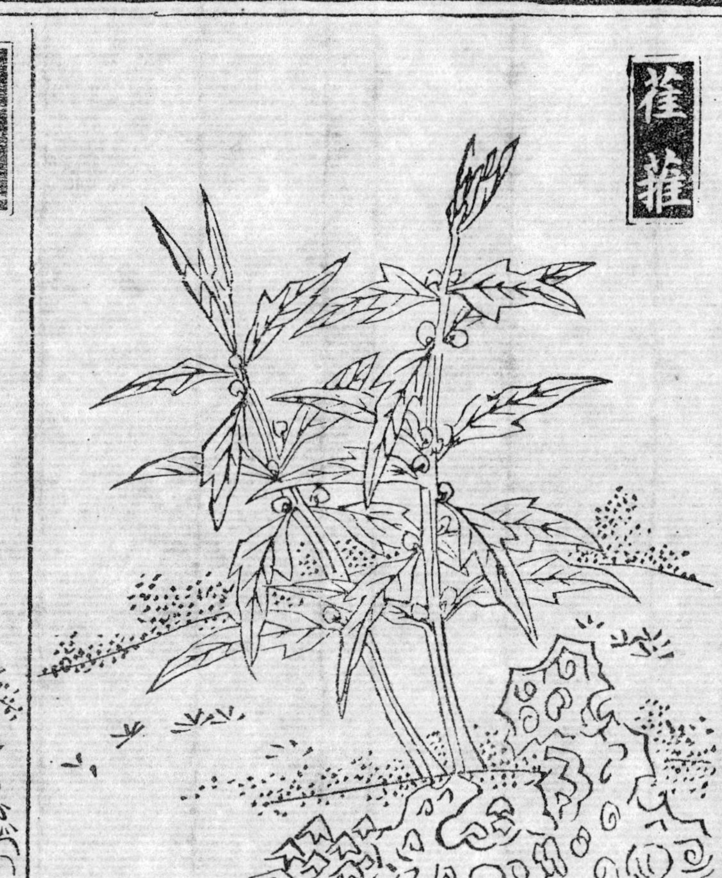
萑蓷

粢稷

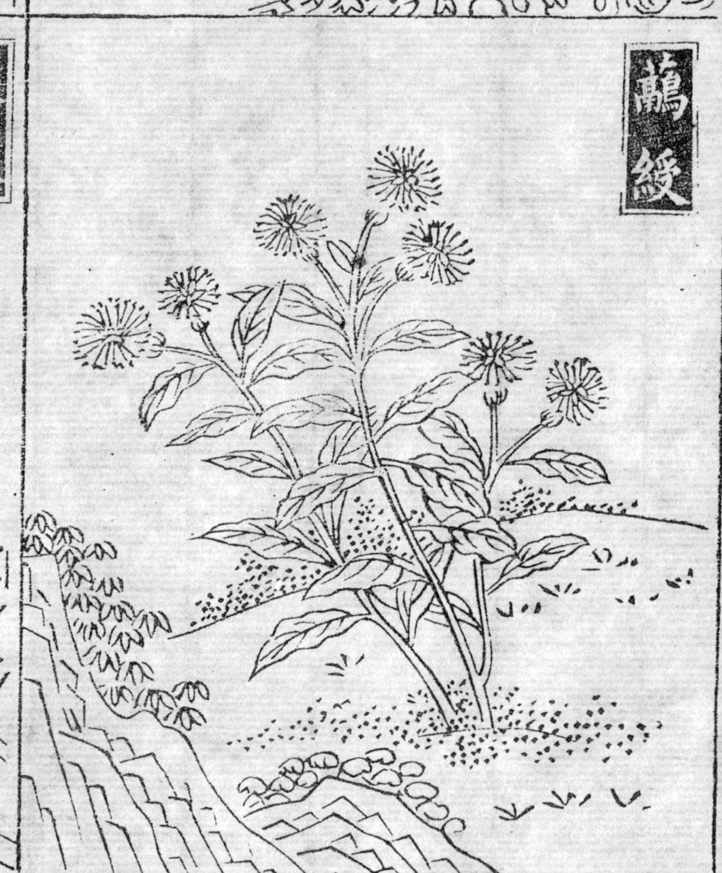
蘮蒘

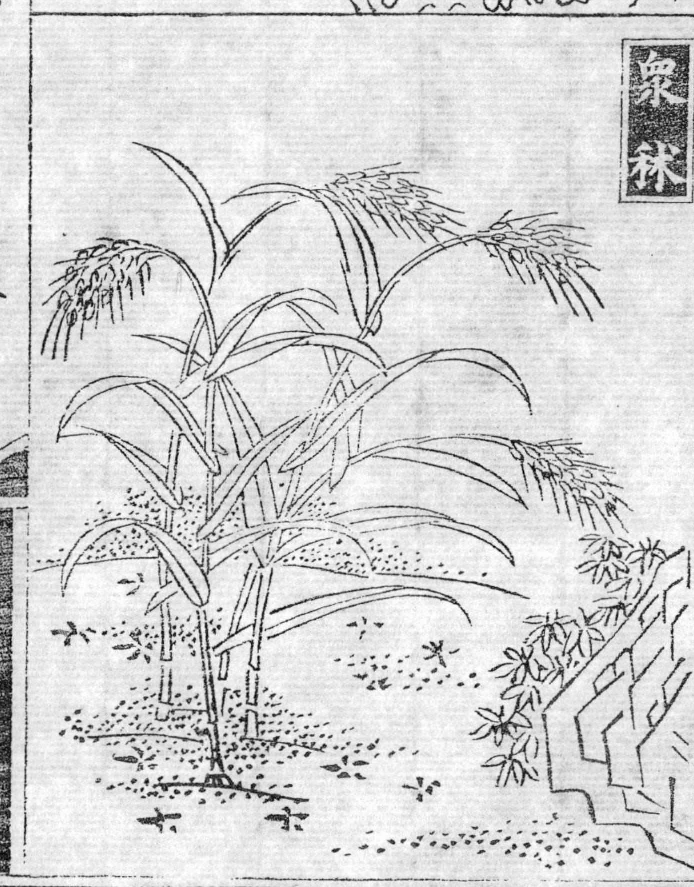
衆秫

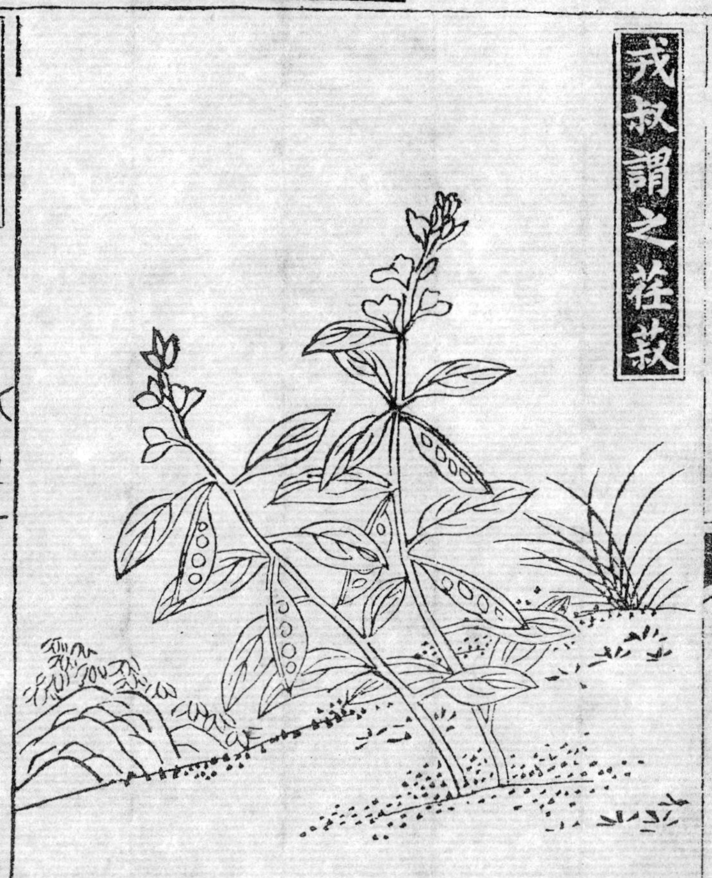
戎叔謂之荏菽

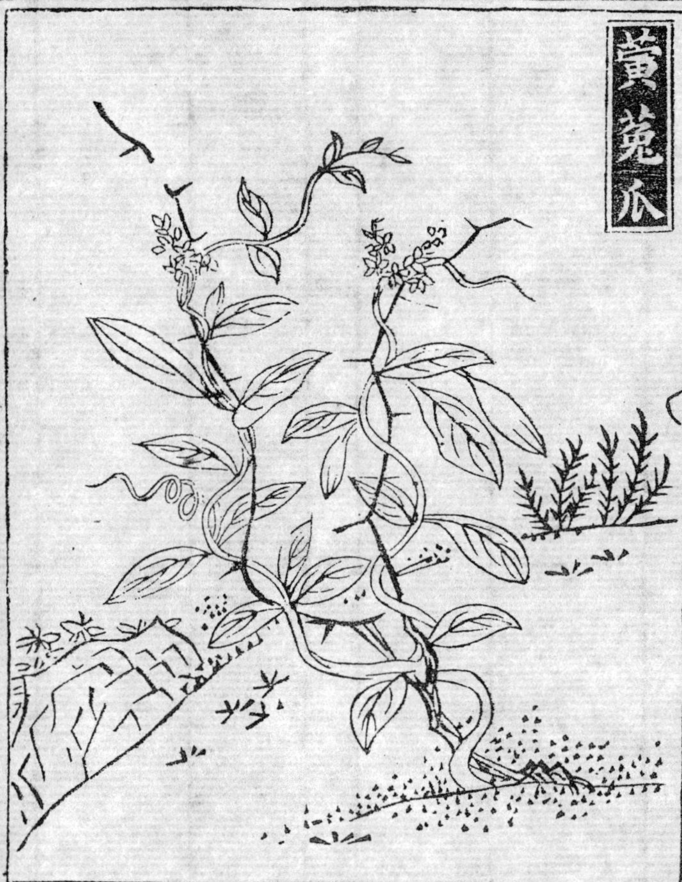
黃菟瓜

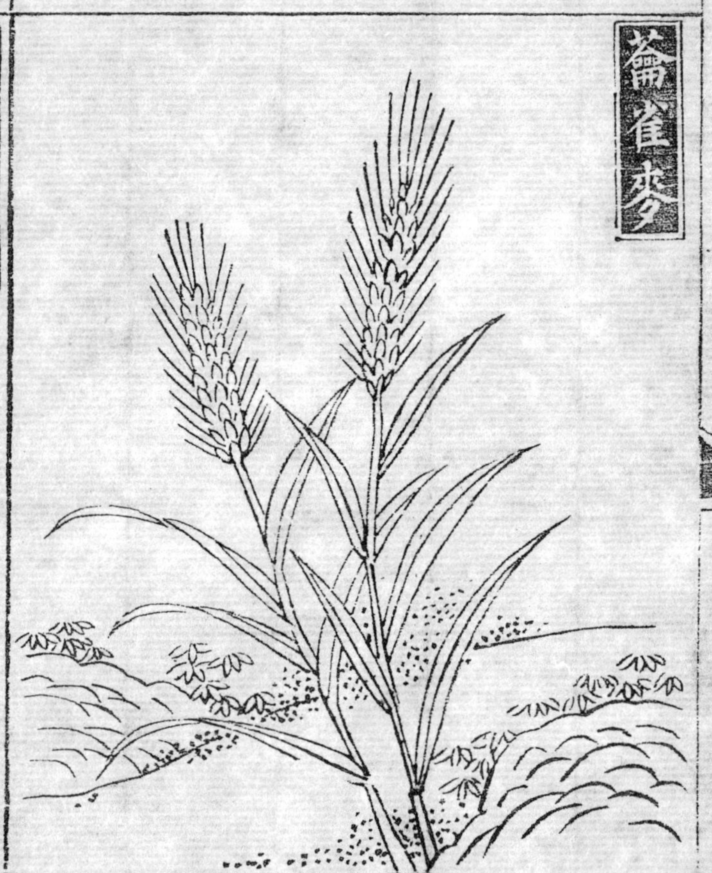
蘥雀麥

茢薽豕首

黃[illegible]衣

戎叔謂之荏菽

虋赤苗

蘥雀麥

粢稷

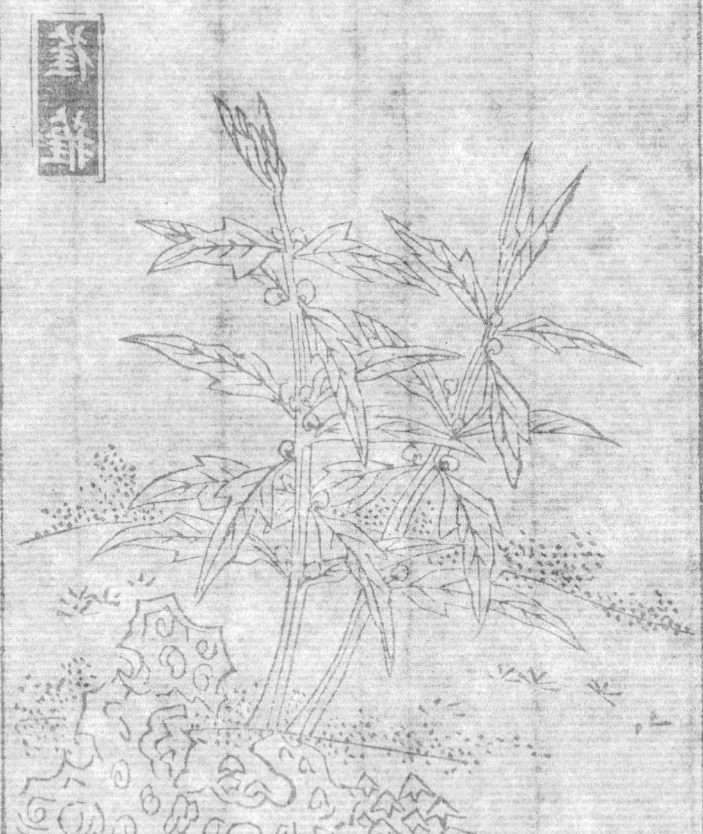
蓫薚

衆秫

蘮蒘

麃音炮的薂即蓮實也薂音亦購音遘蔏蔞蔏蔞蔞蒿也生下田初出可啖江東用羹
魚蔞音呂茢音列勃茢一名石芸本草云葽音夭繞蕀蒬今遠志也似麻黃赤華葉
銳而黃其上謂之小草廣雅云蒬音宛茦音冊刺草刺針也關西謂之刺燕北朝鮮之間曰茦見
方言刺音次蕭荻即蒿荻音秋薚海藻藥草也一名海蘿如亂髮生海中本草云長
楚銚音姚芅今羊桃也或曰鬼桃葉似桃華白子如小麥亦似桃芅音弋蘦大苦今甘
草也蔓延生葉似荷青黃莖赤有節節節與枝相當或云蘦似地黃芣音浮苢音以馬舃馬舃
車前今車前草大葉長穗好生道邊江東呼為蝦蟆衣綸似綸組似組東
海有之綸今有秩嗇夫所帶糾青絲綸組綬也海中草生彩理有象之者因以名云帛似
帛布似布華山有之草葉有象布帛者因以名云生華山中荒音杭東蠡
未詳蠡音里緜馬羊齒草細葉葉羅生而毛有似羊齒今江東呼為鴈齒繅者以取繭緒
萿音括麋舌今麋舌草春生葉有似於舌搴音蹇柜音巨朐未詳朐音劬蘩之
醜秋為蒿醜類也春時各有種名至秋老成皆通呼為蒿芺音襖薊其實芺芺與

薊莖頭皆有蓊臺名芺芺即其實音俘芺音吁蔈音標荂荼即芀猋音標藨音標芀皆芀
荼之別名方俗異語所未聞芀音調葦醜芀其類皆有芀秀葭華即今蘆也蒹薕似萑
而細高數尺江東呼為蒹音兼薕音廉葭蘆葦也菼音坦薍似葦而小實中江東呼為烏蓲
音丘薍音甌其萌虇今江東呼蘆筍為虇然則萑葦之類其初生者皆名虇音繾綣蕍音俞
芛音葦葟音皇華榮釋言云華皇也今俗呼草木華初生者為芛音猜豬蕍猶敷蕍亦華之貌
所未聞卷施草拔心不死宿莽也離騷云䓊音允茭今江東呼藕紹緒如指空
中可啖者為茭茭即此類茭音交荄根別二名俗呼韭根為荄攫橐含未詳華荂
也今江東呼華為荂音敷華荂榮也轉相解木謂之華草謂之榮
不榮而實者謂之秀榮而不實者謂之英

釋木

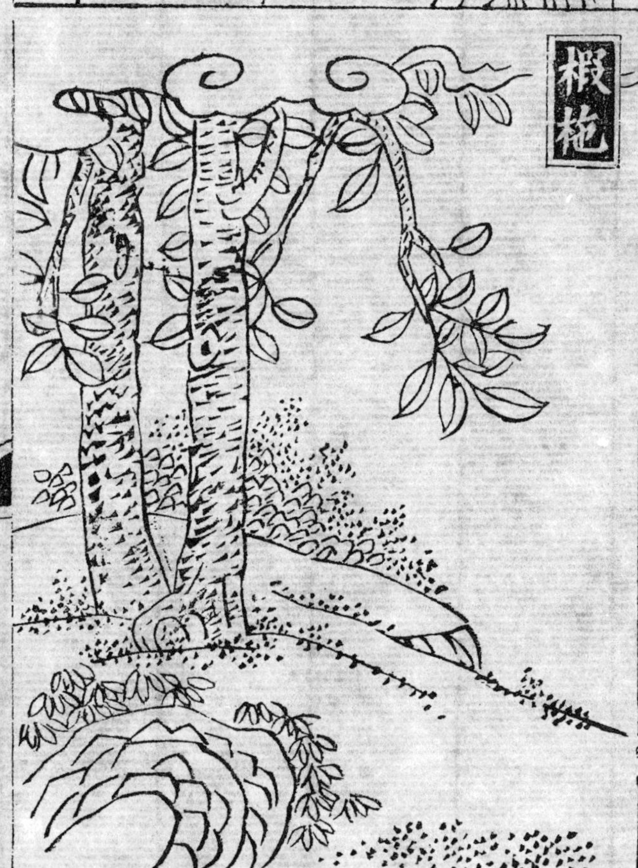

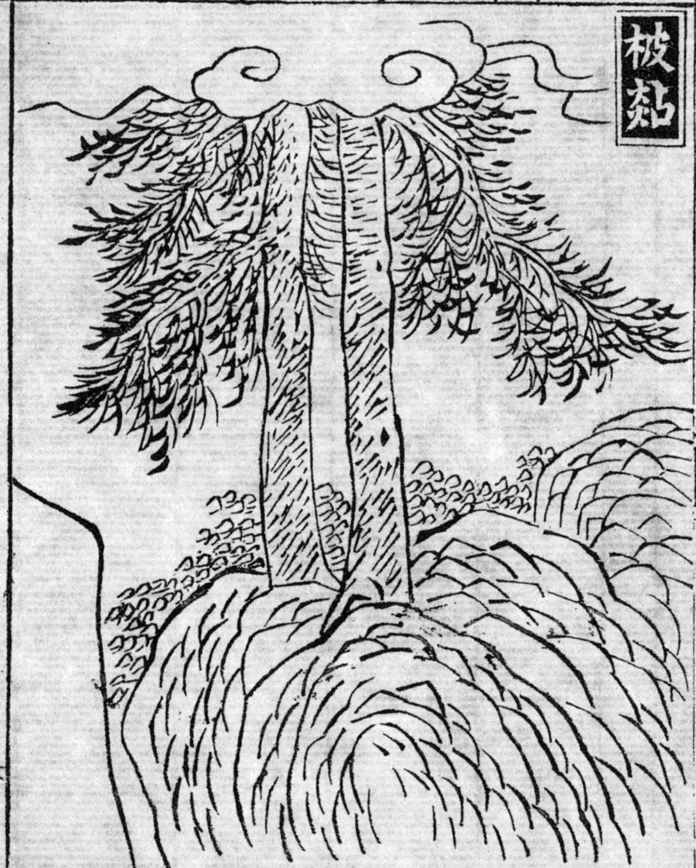

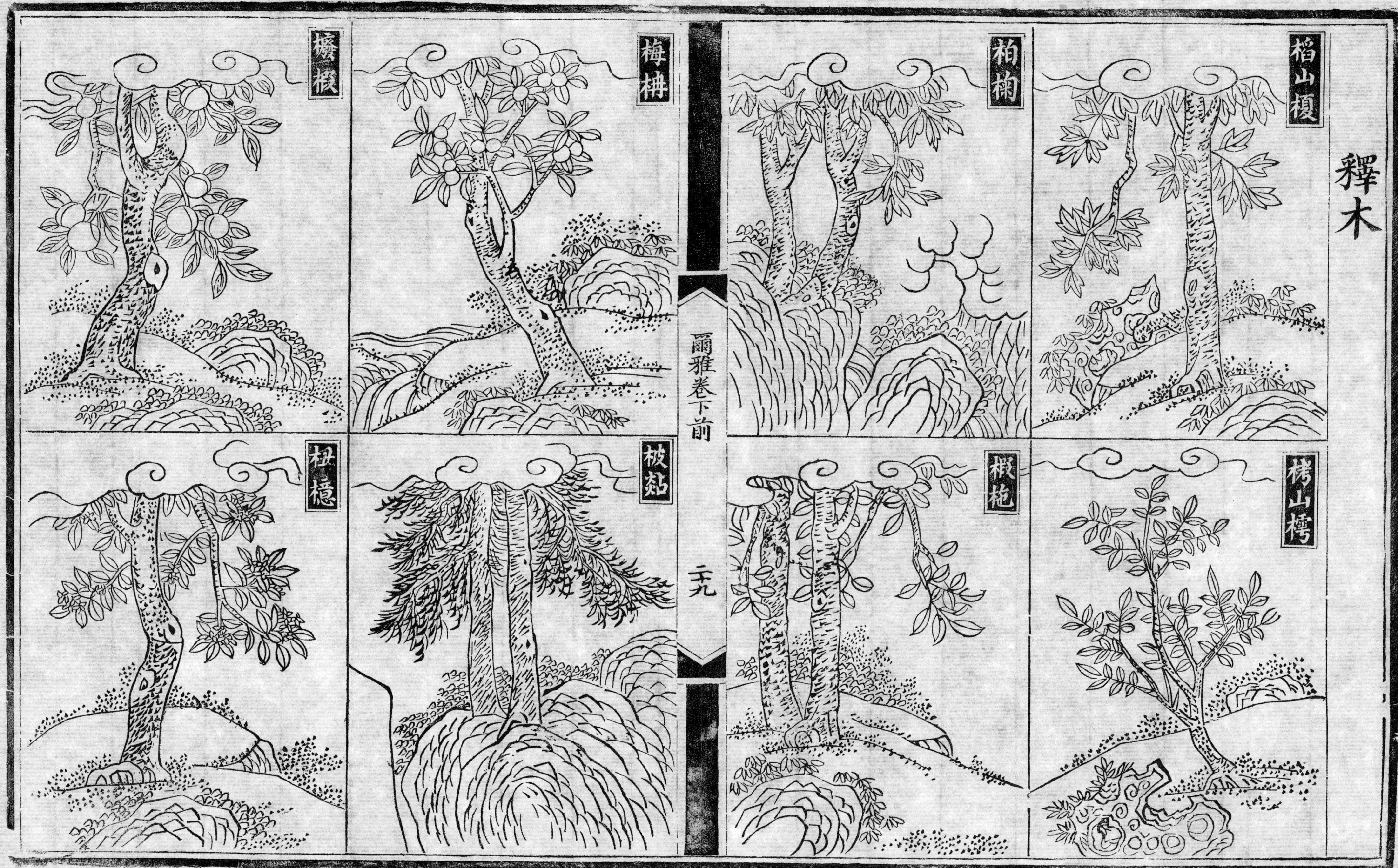

釋木

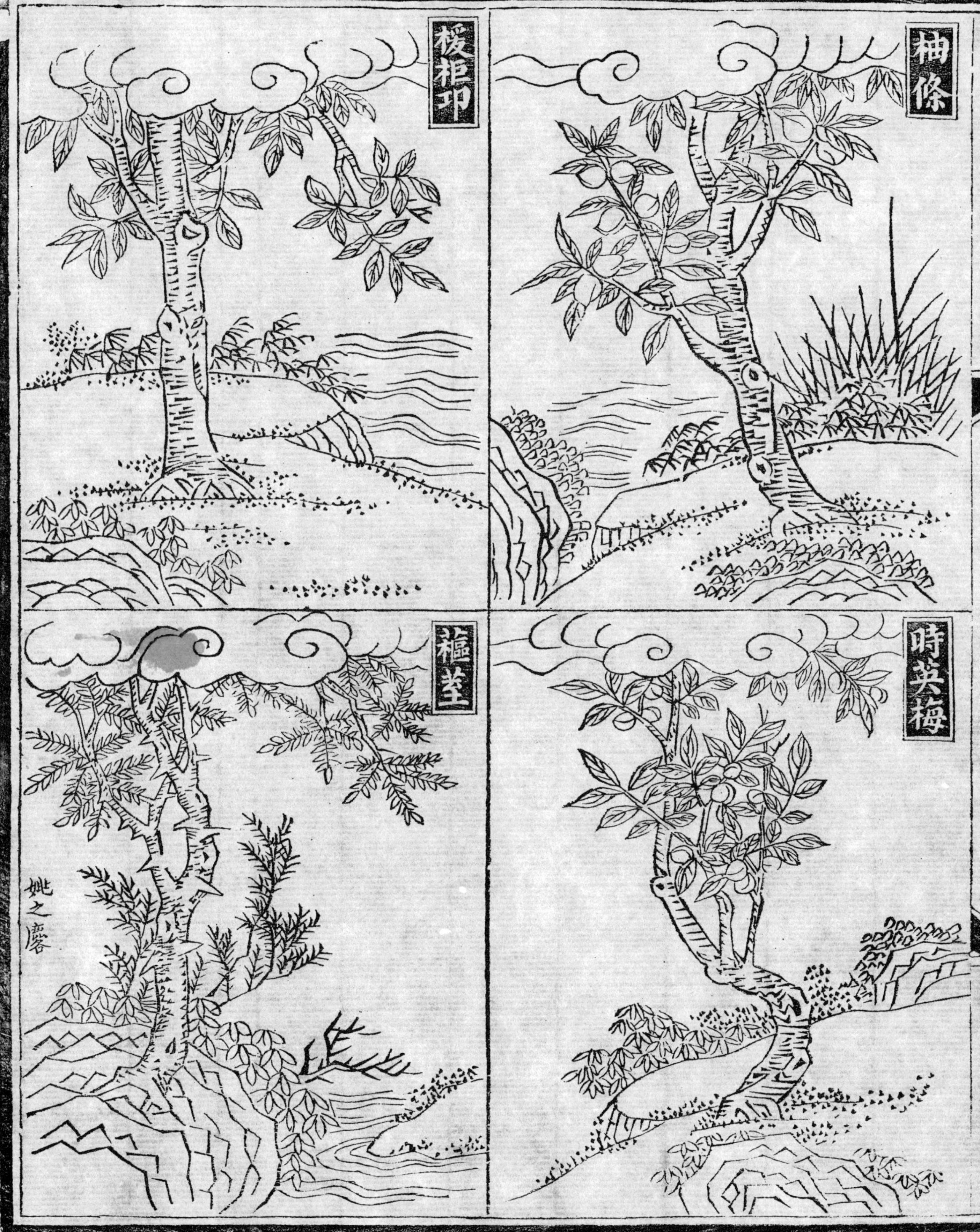
楥柜卭
柚條
櫙荎
時英梅
姚之麐

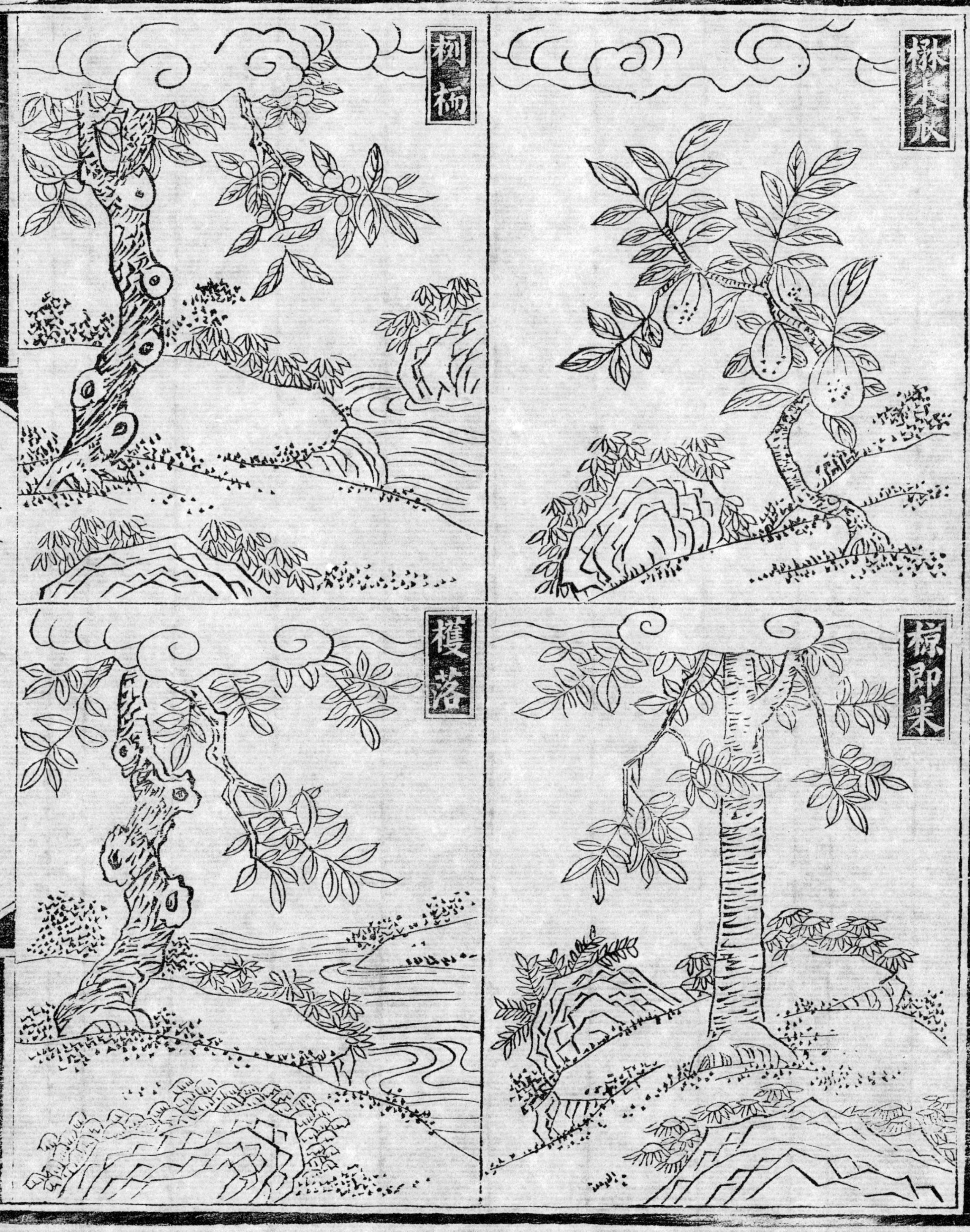
椆柂
樕朴心
檴落
椋即来

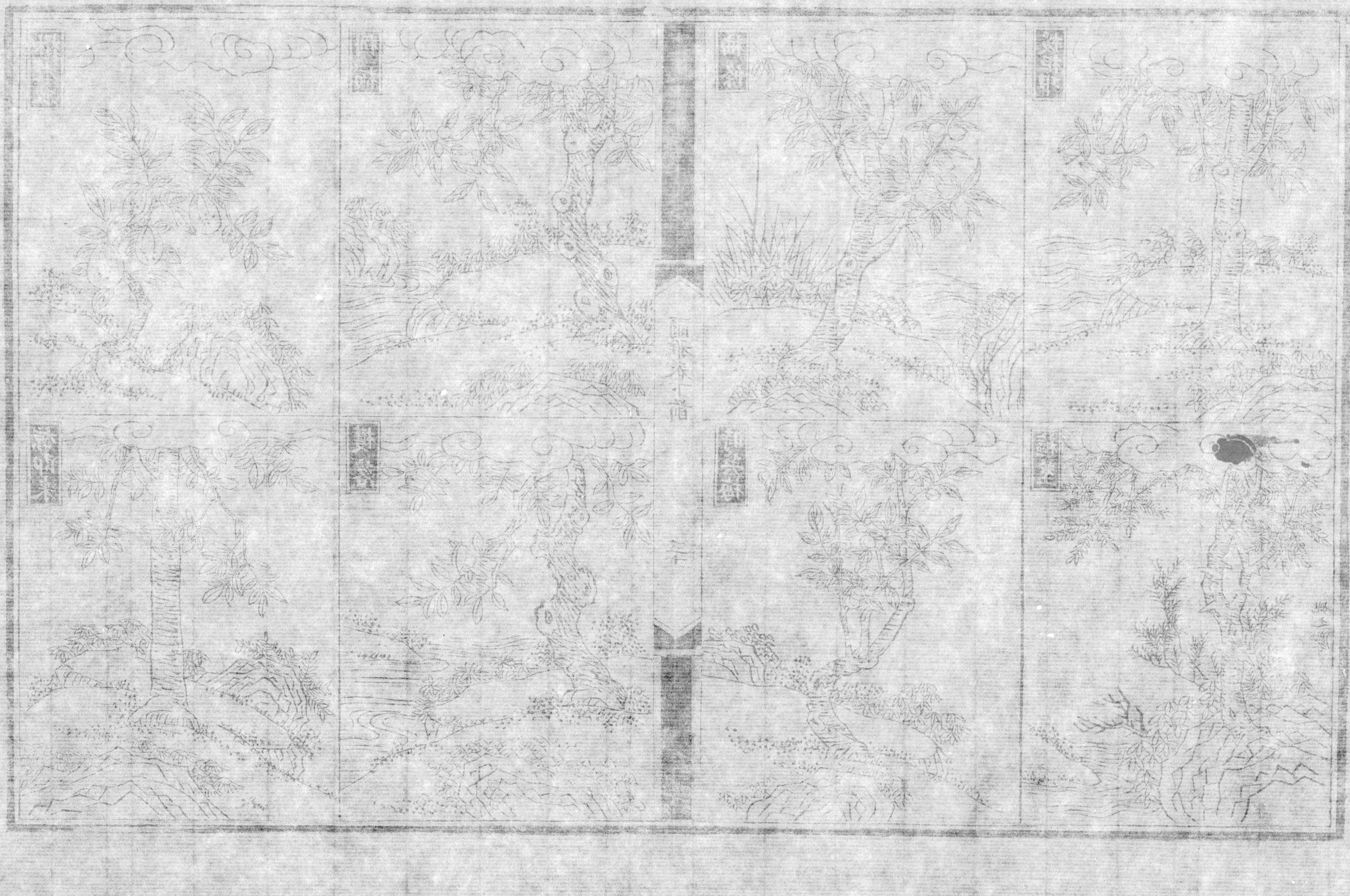

杜甘棠
魄榽橀
朹繫梅
梫木桂
棆無疵
檉河柳
椐樻
旄澤柳

大葉白華根如指正白可啖當音富熒委萎藥草也葉似竹大者如箭竿有節葉狹而長表白裏
青根大如指長可三尺可啖萎音威蒟音劬芋音吁熒未詳竹萹蓄似小藜赤莖節好生
道旁可食又殺蟲葴音針寒漿今酸漿草江東呼曰苦葴音針薢音皆茩音狗芵音決
茪芵明也葉黃銳赤華實如山茱萸或曰蔆也關西謂之薢茩芵音光莁音巫荑音夷蔱音殺
蘠一名白蘠音牆蕢瓞音迭瓝音酌其紹瓞俗呼瓝瓜為瓞紹者瓜蔓緒亦著子但小
如瓝芍鳧茈生下田苗似龍須而細根如指頭黑色可食蘱音類薡音鼎董似蒲而細
蕫音童蕛音啼苵蕛似稗布地生穢草苵音迭鉤芺大如拇指中空莖頭有臺似薊初生
可食芺音夭䪥鴻薈即䪥菜也薈音會蘇桂荏蘇荏類故名桂荏薔虞蓼
虞蓼澤蓼蓼音了蓧音肖蓨未詳蓨音惕虋音門赤苗今之赤粱粟芑音起白
苗今之白粱粟皆好穀秬黑黍詩曰維秬維秠秠音否一稃音敷二米此亦黑黍
但中米異耳漢和帝時任城生黑黍或三四實實二米得黍三斛八斗是稌音杜稻今沛國呼稌
葍藑音瓊茅葍華有赤者為藑藑葍一種耳亦有菱苕華黃白異名臺夫須鄭箋詩云

臺可以為禦雨笠藆音蹇藅未詳音伐莔音萌貝母根如小貝員而白華葉似韭荍
音翹蚍音毗衃今荊葵也似葵紫色謝氏云小草多華少葉葉又翹起衃音浮艾冰臺今艾
蒿蕇音典葶藶實葉皆似芥一名狗薺廣雅云音典苻鬼目今江東有鬼目草莖似葛
葉員而毛子如耳璫也赤色叢生薜庾草未詳蔜音敖蕿蔞今蘩蔞也或曰雞腸草蔞
音屢離南活莌草生江南高丈許大葉莖中有瓤正白零陵人祖曰貫之為樹莌音奪龍
音龍天蘥須葑音捧蓯未詳音總蒡音旁隱葱似蘇有毛今江東呼為隱葱藏以為
菹亦可瀹食葱音忽莤音由蔓于草生水中一名軒于江東呼莤音猶蔨音魯蔖作履苴草
蔖音粗柱夫搖車蔓生細葉紫華可食今俗呼曰翹搖車出隧音遂蘧音拒蔬
蘧蔬似土菌生菰草中今江東啖之甜滑音氈氍毹蔬音踈蘄茝音采蘪蕪香草葉小如萎
狀淮南子云似蛇牀山海經云臭如蘪蕪茨蒺蔾布地蔓生細葉子有三角刺人見詩蘮音計
蒘音如竊衣似芹可食子大如麥兩兩相合有毛著人衣髦音毛顛蕀細葉有刺蔓生
一名商蕀廣雅云女木也蕀音棘雚音貫芄蘭雚芄蔓生斷之有白汁可啖蕁音潯莸

音沉藩生山上葉如韭一曰提母蕍音俞蕮今澤蕮音昔蔨音眷鹿藿音霍其實
莥今鹿豆也葉似大豆根黃而香蔓延生莥音鈕蔏音浩侯莎其實媞夏小正曰蔏也
者莎蓆媞者其實媞音提莞音官苻蘺其上蒚今西方人呼蒲爲官蒲蒚謂其頭臺首也
今江東謂之苻蘺西方亦名蒲中莖爲蒚用之爲蓆音羽翢蒚音力荷芙渠別名芙蓉江東呼荷
其莖茄音加其葉蕸音遐其本蔤莖下白蒻在泥中者蔤音密其華菡
音漢萏音膽見詩其實蓮蓮謂房也其根藕其中的蓮中子也的中薏
中心苦薏音意紅蘢古其大者蘬俗呼紅草爲龍鼓語轉耳蘬音虧蒫音搓薺
實薺子名黂音忿枲音移實禮記曰苴麻之有黂枲麻別二名須蕵蕪蕵蕪
似羊蹄葉細味酢可食菲音匪蒠音息菜菲草生下濕地似蕪菁花紫赤色可食蕢音貴
赤莧今之莧赤莖者蘠蘼音美虋冬門冬一名滿冬本草云萹音徧苻止未詳
濼貫眾葉員銳莖毛黑布地冬不死一名貫渠廣雅云貫節莙音窘牛藻似藻葉大江東
呼爲馬藻藻音早蓫音逐薚音傷馬尾廣雅曰馬尾蔏陸本草云別名薚今關西亦呼爲薚

江東呼爲當陸苹音平萍水中浮萍江東謂之薸音瓢其大者蘋詩曰于以采蘋莃
音希菟葵頗似葵而小葉狀如藜有毛汋啖之滑芹楚葵今水中芹菜藬音頹牛
蘈今江東呼草爲牛蘈者高尺餘許方莖葉長而銳有穗穗間有華華紫縹色可猜以爲飲蘈音頹
蕢音續牛脣毛詩傳曰水蕮也如蕢斷寸寸有節拔之可復草藾音賴蕭今藾蒿也初生
亦可食連異翹一名連苕又名連草本草云澤烏蕵即上蕵也傅橫目一名
結縷俗謂之鼓箏草藑蔓華一名蒙華蔆音淩蕨攈蔆今水中芰攈音眉大菊蘧
麥一名麥句薑即瞿麥薜音百牡贊音贊未詳葥音箭山莓今之木莓也實似藨莓而
大亦可食莓音每齧苦菫今菫葵也葉似柳子如米汋食之滑藫石衣水苔也一名石
髮江東食之或曰藫葉似䪾而大生水底亦可食藫音潭蘜音菊治蘠今之秋華菊唐蒙
女蘿女蘿菟絲別四名詩云爰采唐矣苗蓨音肖未詳茥音奎蒛音缺葐
覆葐也實似莓而小亦可食葐音盆芨音急菫草即烏頭也江東呼爲菫音靳蘵音織百
足未詳菺音肩戎葵今蜀葵也似葵華如木槿華蘻音計狗毒樊光云俗語苦如蘻

夫王 南芒
簢筡中 仲無笐
桃枝四寸有節
黃華蔈 白華茇

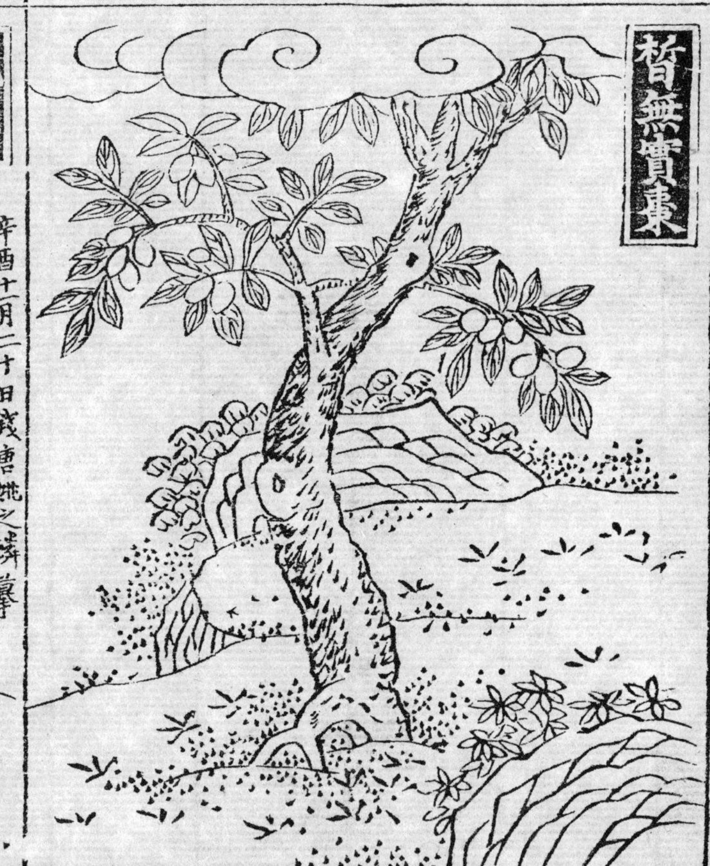

辛酉十月二十日錢唐姚之麟摹元人法

當塗彭萬程刊

爾雅卷下前

三五

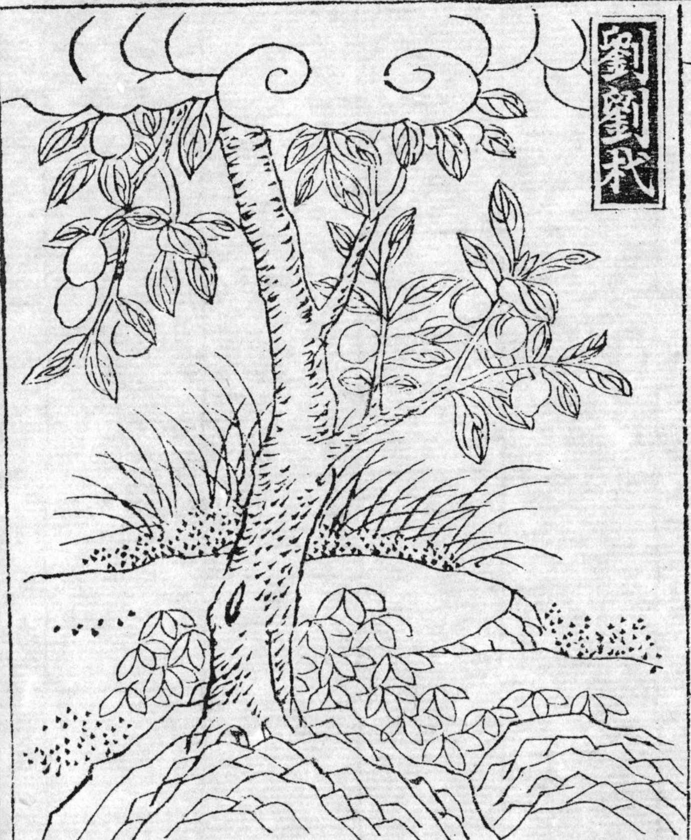

守宮槐葉晝聶宵炕

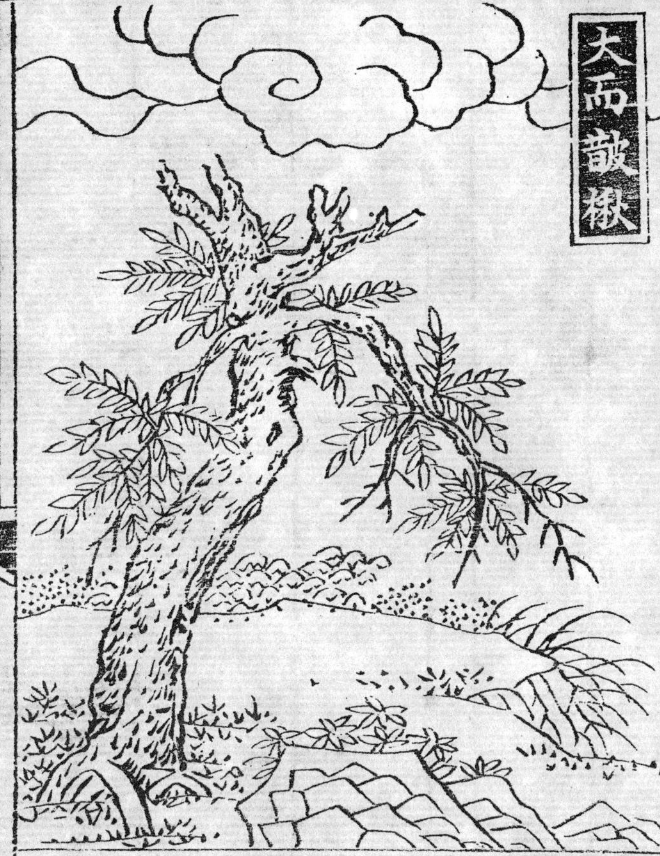
大而皵楸

槐小葉曰榎

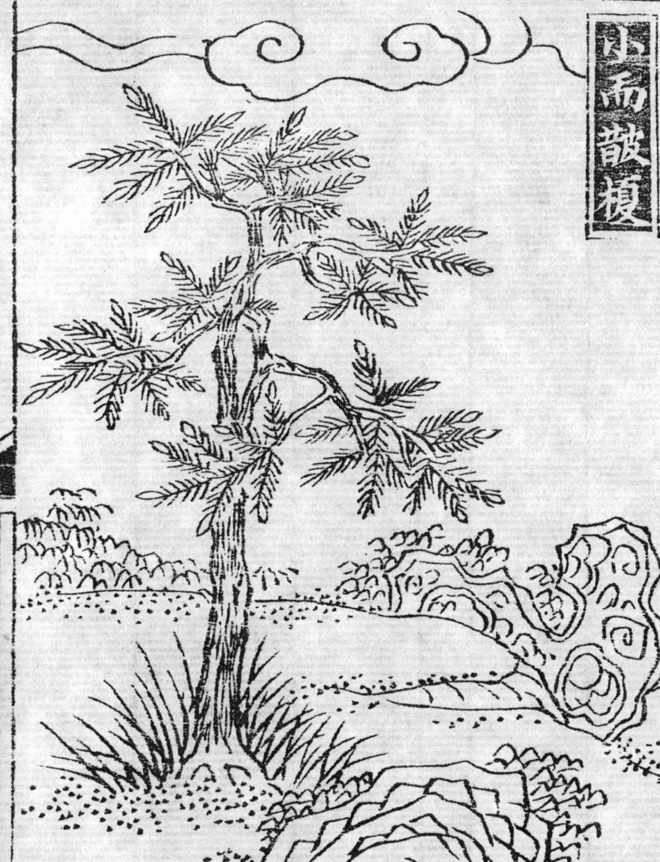
小而皵榎

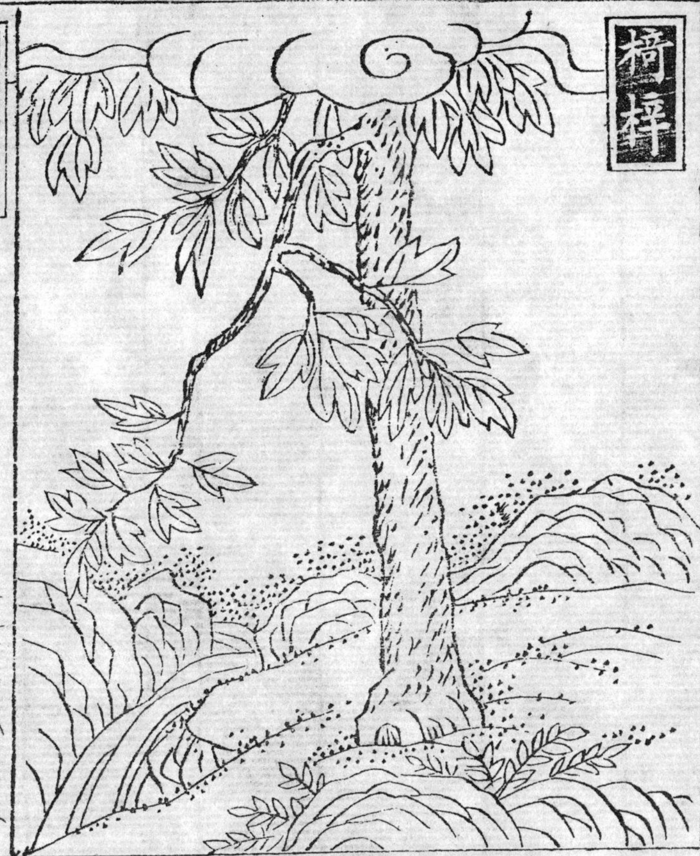
椅梓

終牛棘

桋赤楝白者楝

灌木叢木

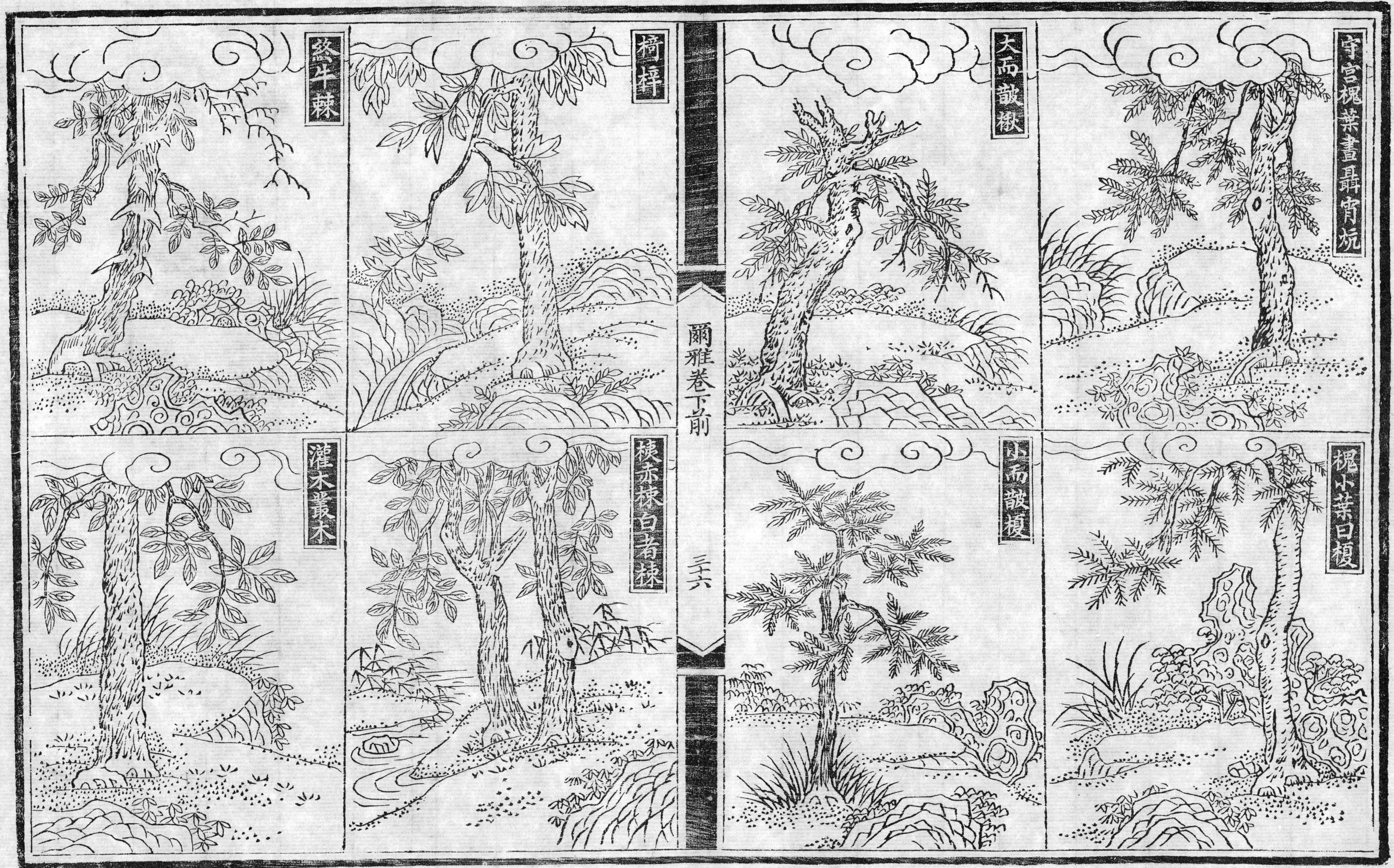

瘣木苻婁

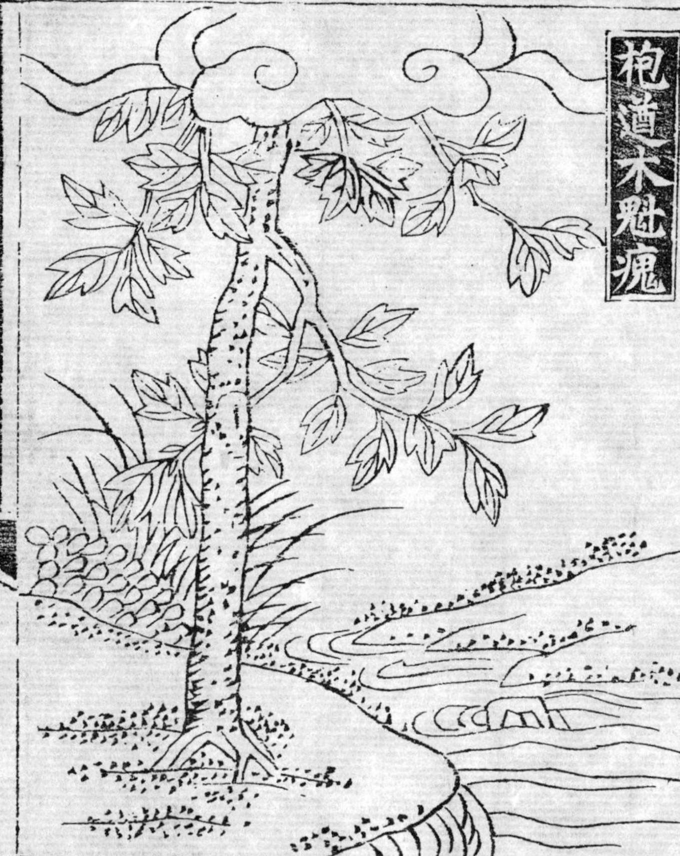
枹遒木魁瘣

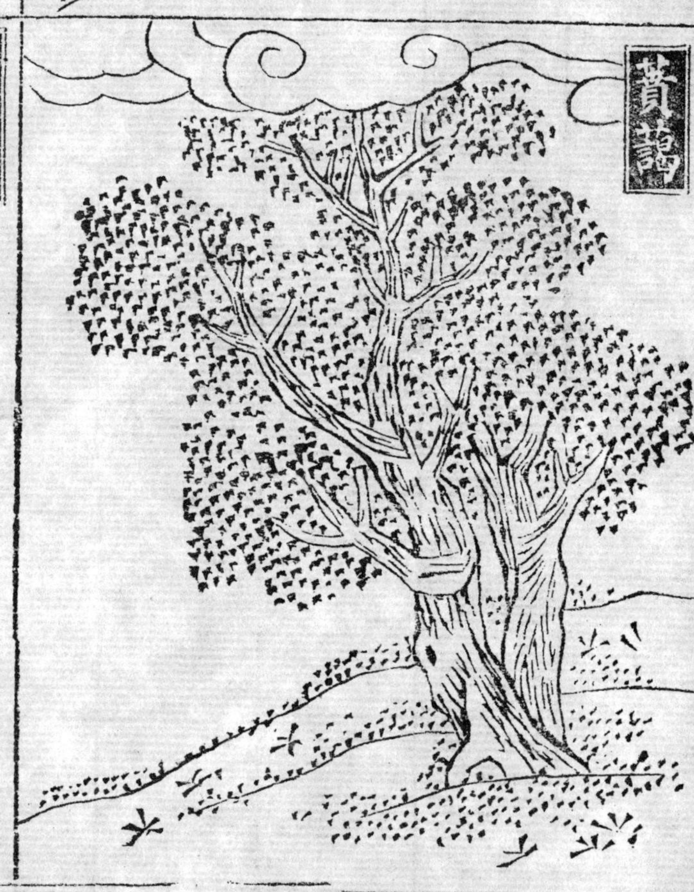
蕡藹

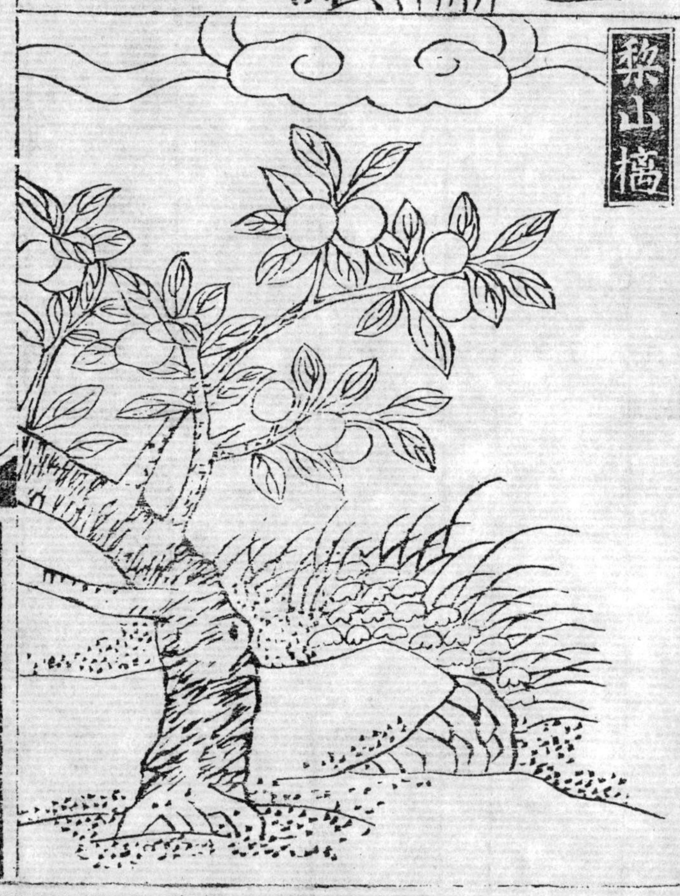
梨山樆

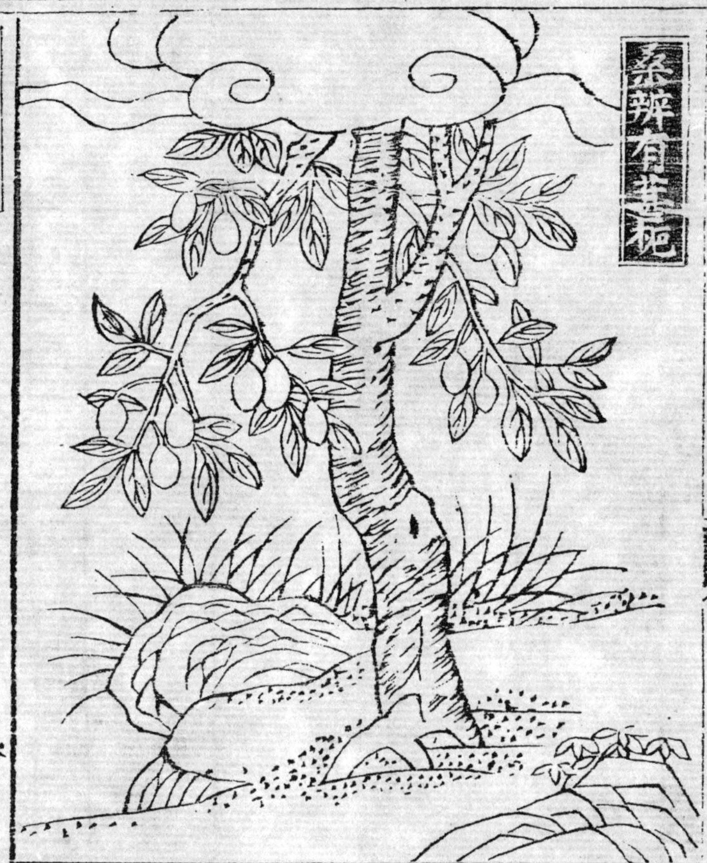
桑辨有葚梔

榆白枌

女桑桋桑

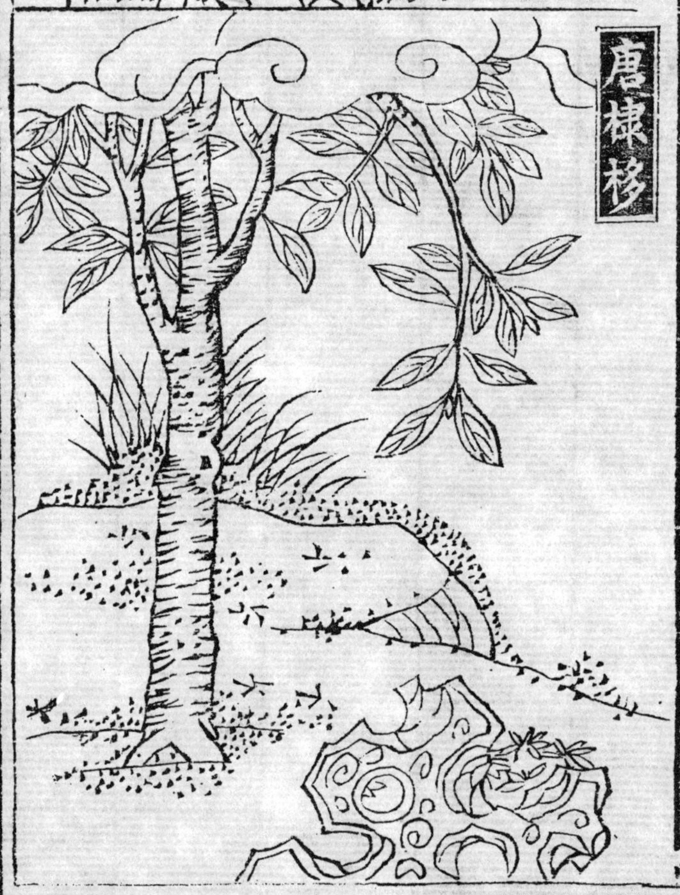
唐棣栘

常棣棣
榮桐木
檟苦荼
檿桑山桑
木自獘柛
蔽者翳
立死椔
木相磨槸

釋木第十四

稻音叨山榎今之山楸榎音賈栲山樗栲似樗色小白生山中因名云亦類漆樹樗音
樞柏椈禮記曰鬯臼以椈音匊髡音坤梱未詳梱音綑椵音賈柂白椵也樹似白
楊柂音夷梅柟似杏實酢柟音南被音彼煔煔似松生江南可以為船及棺材作柱埋之不
腐煔音杉櫠音廢椵柚屬也子大如盂皮厚二三寸中似枳食之少味杻檍似棣細葉葉新
生可飼牛材中車輞關西呼杻子一名土橿檍音億楙音茂木瓜實如小瓜酢可食椋音良
即來今椋材中車輞栵音列栭樹似槲樕而庳小子如細栗可食今江東亦呼為栭栗栭音而
檴音鑊落可以為杯器素柚條似橙實酢生江南時英梅雀梅楥音袁柜柳
未詳或曰柳當為柳柜柳似柳皮可以煮作飲柳音卯栩音許杼杵樹杼音柱味荎音池
著釋草已有此名疑誤重出著音儲藲音歐荎今之刺榆荎音迭杜甘棠今之杜梨
狄臧槔音皋貢綦音其皆未詳朹音求繫音計梅朹樹狀似梅子如指頭赤色似
小㮈可食枓音糾者聊未詳魄榽音奚橀魄大木細葉似檀今江東多有之齊人諺曰上

山斫檀榽橀先殫梫音寢木桂今南人呼桂厚皮者為木桂桂樹葉似枇杷而大白華華而不
著子叢生巖嶺枝葉冬夏常青間無雜木棆音倫無庛棆楩屬似豫章椐音袪樻腫節可以
為杖樻音胃檉音稱河柳今河旁赤莖小楊旄澤柳生澤中者楊蒲柳可以
為箭左傳所謂董澤之蒲權黃英輔小木權輔皆未詳杜赤棠白者棠
棠色異異其名諸慮山櫐今江東呼櫐為藤似葛而麤大櫐音壘欇虎櫐今虎豆纏
蔓林樹而生莢有毛刺今江東呼為欇欇音涉杞枸檵今枸杞也檵音計杬魚毒杬大
木子似栗生南方皮厚汁赤中藏卵果檓音毀大椒今椒樹叢生實大者名為檓梗音庚
鼠梓楸屬也今江東有虎梓楓欇欇楓樹似白楊葉員而岐有脂而香今之楓香是欇音
輒寓音遇木宛童寄生樹一名蔦無姑其實夷無姑姑榆也生山中葉員而厚
剝取皮合漬之其味辛香所謂無夷櫟其實梂有梂彙自裹梂音求檖音遂羅今楊檖也
實似梨而小酢可食楔音戛荊桃今櫻桃旄冬桃子冬熟榹音斯桃山桃
實如桃而小不解核休無實李一名趙李痤音矬接慮李今之麥李駁音剝赤

李子赤棗壺棗今江東呼棗大而銳上者為壺壺猶瓠也邊要音腰棗子細腰今謂之
鹿盧棗櫅白棗即今棗子白熟樲音二酸棗樹小實酢孟子曰養其樲棗楊徹
齊棗未詳遵羊棗實小而員紫黑色今俗呼之為羊矢棗孟子曰曾晳嗜羊棗洗音跣
大棗今河東猗氏縣出大棗子如雞卵煮填音田棗未詳蹶洩音屑苦棗子味
苦晳無實棗不著子者還音旋味棯音稔棗還味苦短櫬梧今梧桐樸
音卜枹者樸屬叢生者為枹詩所謂棫樸枹櫟謂櫬采薪采薪即薪指解今樵
薪棪音琰樕音速其棪實似柰赤可食劉劉杙劉子生山中實如梨酢甜核堅出交
阯櫰音歪槐音懷大葉而黑槐樹葉大色黑者名為櫰守宮槐葉晝聶
音輒宵炕槐葉晝日聶合而夜炕布者名為守宮槐炕音杭槐小葉曰榎槐當為楸
楸細葉者為榎大而皵楸老乃皮麤皵者為楸小而皵榎小而皮麤皵者為榎左傳
曰使擇美榎椅音依梓即楸桋赤楝音促白者楝赤楝樹葉細而岐銳皮理錯戾
好叢生山中中為車輞白楝葉員而岐為大木終牛棘即馬棘也其刺麤而長灌木叢

木詩曰集於灌木瘣音會木苻婁謂木病尫傴癭腫無枝條蕡藹樹實繁茂菴藹枹
遒音囚木魁瘣謂樹木叢生根枝節目盤結磈磊棫音域白桵桵小木叢生有刺實
如耳璫紫赤可啖桵音蕤梨山樆即今梨樹樆音离桑辨音片有葚梔辨半也
女桑桋桑今俗呼桑樹小而條長者為女桑樹榆白枌枌榆先生葉卻著莢皮色白枌
音墳唐棣栘似白楊江東呼夫栘栘音移常棣棣今山中有棣樹子如櫻桃可食檟苦
荼樹小似梔子冬生葉可煮作羹飲今呼早采者為茶晚取者為茗一名荈蜀人名之苦茶樕樸
心槲樕別名榮桐木即梧桐棧木干木橿木也江東呼木觡檿音厭桑山
桑似桑材中作弓及車轅木自獘柛音伸獘踣立死椔不獘頓椔音緇蘙者
翳樹蔭翳覆地者詩云其椔其翳木相磨槸樹枝相切磨棤皵謂木皮甲錯皵音舄
梢梢櫂謂木無枝柯梢櫂長而殺者櫂音濯樅音蹤松葉柏身今大廟梁材用此木
尸子所謂松柏之鼠不知堂密之有美樅檜柏葉松身詩曰檜楫松舟句如羽喬
樹枝曲卷似鳥毛羽下句曰朻上句曰喬如木楸曰喬楸樹性其上竦

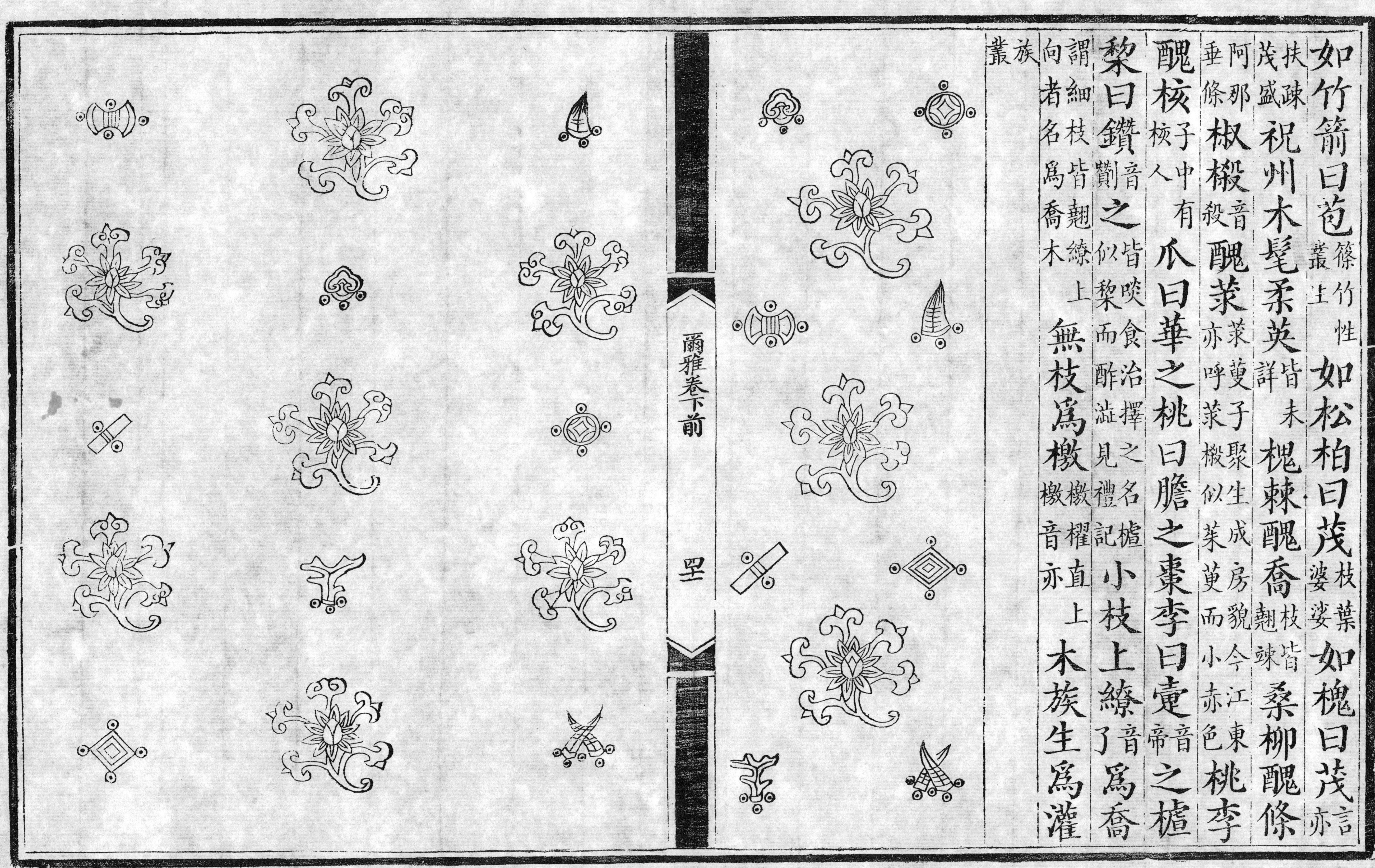

如竹箭曰苞篠竹性叢生如松柏曰茂枝葉婆娑如槐曰茂言亦扶疎茂盛祝州木髦柔英皆未詳槐棘醜喬枝皆翹竦桑柳醜條阿那垂條椒榝醜莍榝音殺莍萸子聚生成房貌今江東亦呼莍榝似茱萸而小赤色桃李醜核子中有核人瓜曰華之桃曰膽之棗李曰疐之音帝樝梨曰鑽之鑽音劗皆啖食治擇之名樝似梨而酢澁見禮記小枝上繚為喬繚音了謂細枝皆翹繚上向者名為喬木無枝為檄檄擢直上檄音亦木族生為灌族叢

釋蟲

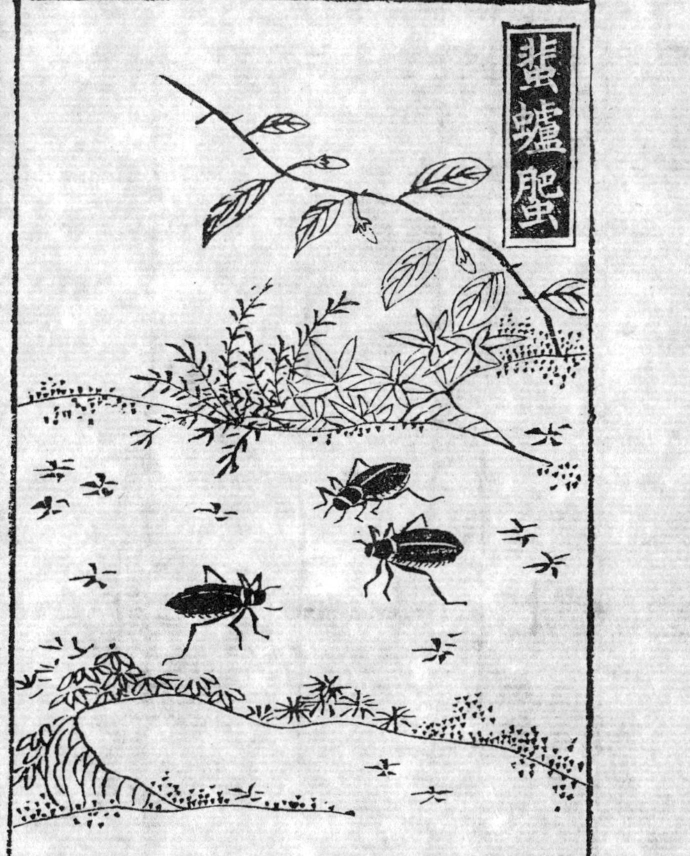

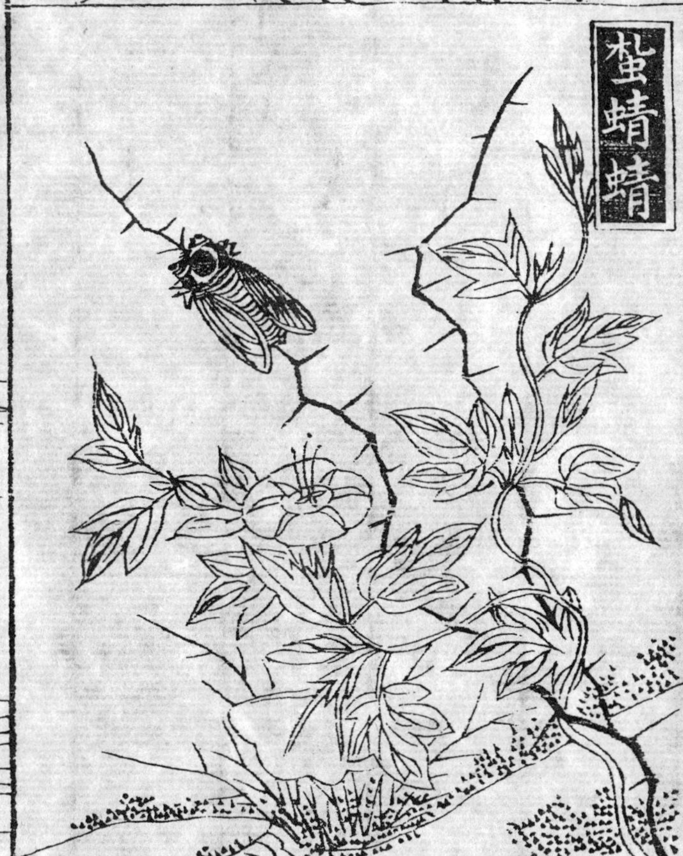

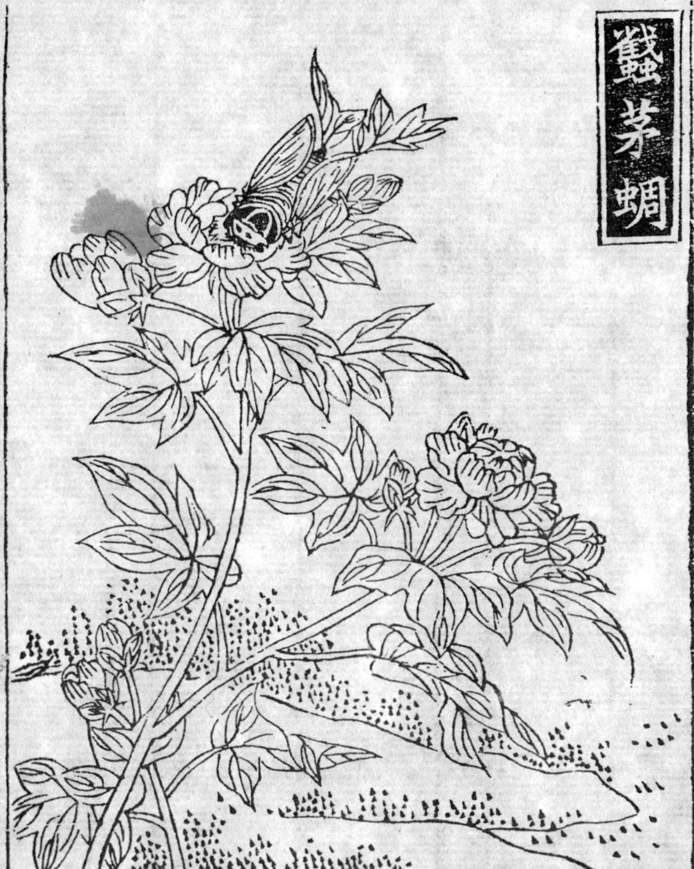

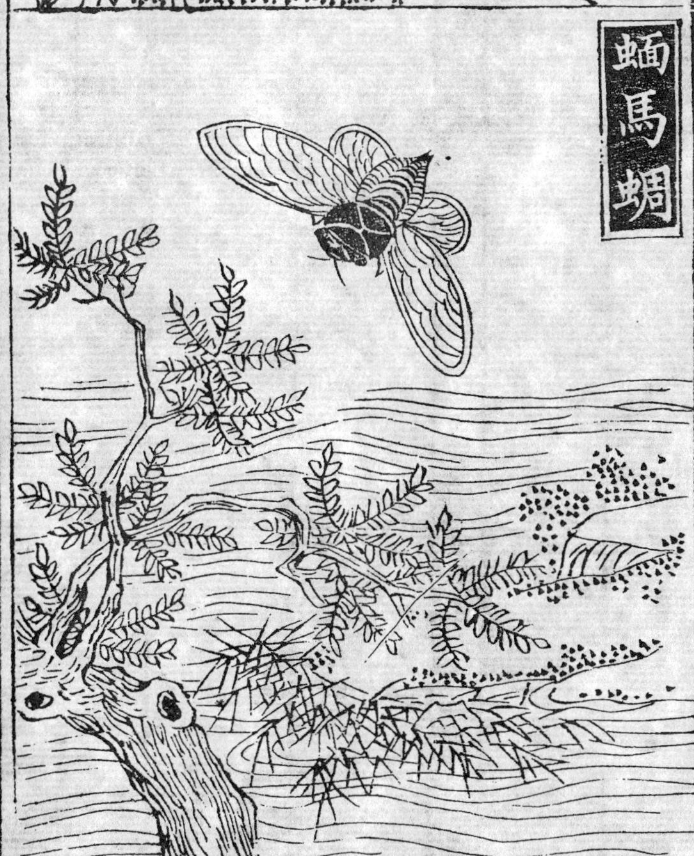

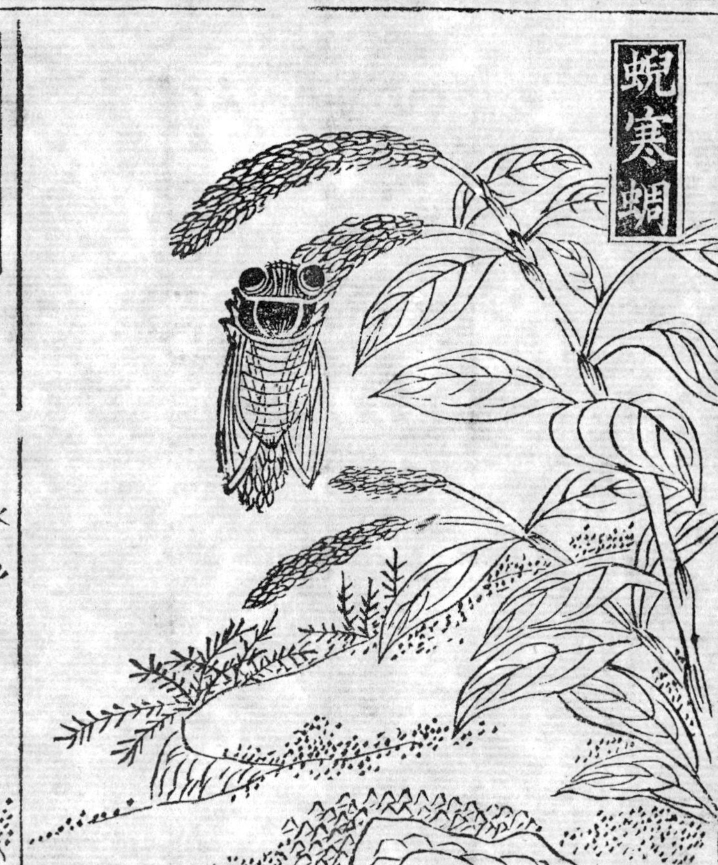
蜆寒蜩

蜓蚞螇螰

蛣蜣蜣蜋

蝎蛣蜛

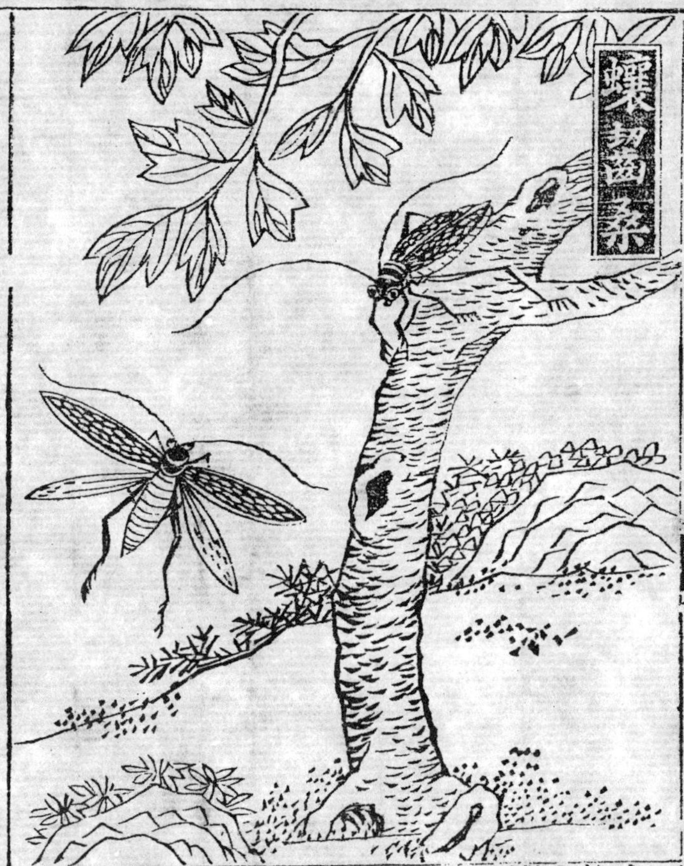
蠰齧桑

蜉蝣渠畧

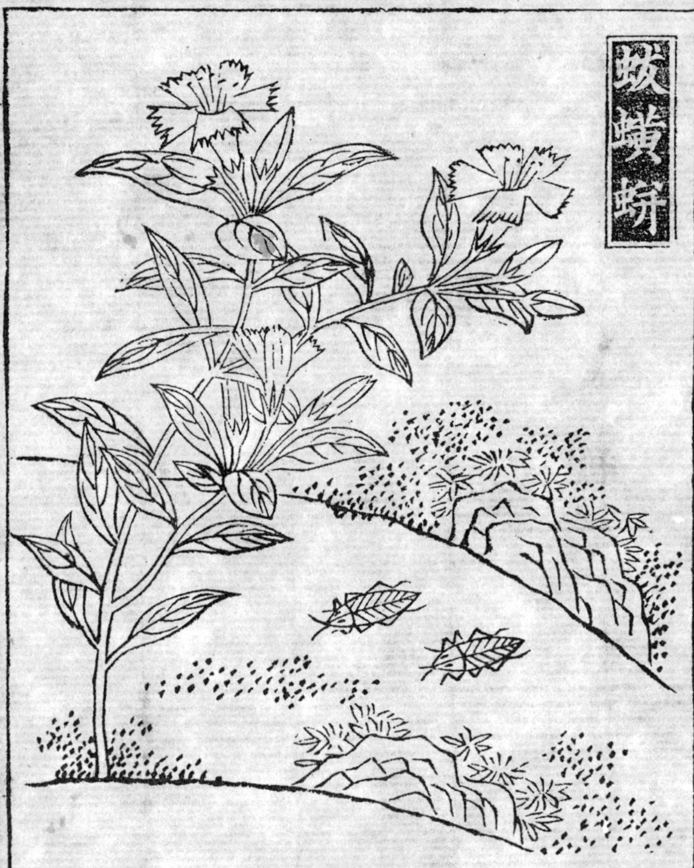
蛂蟥蛢

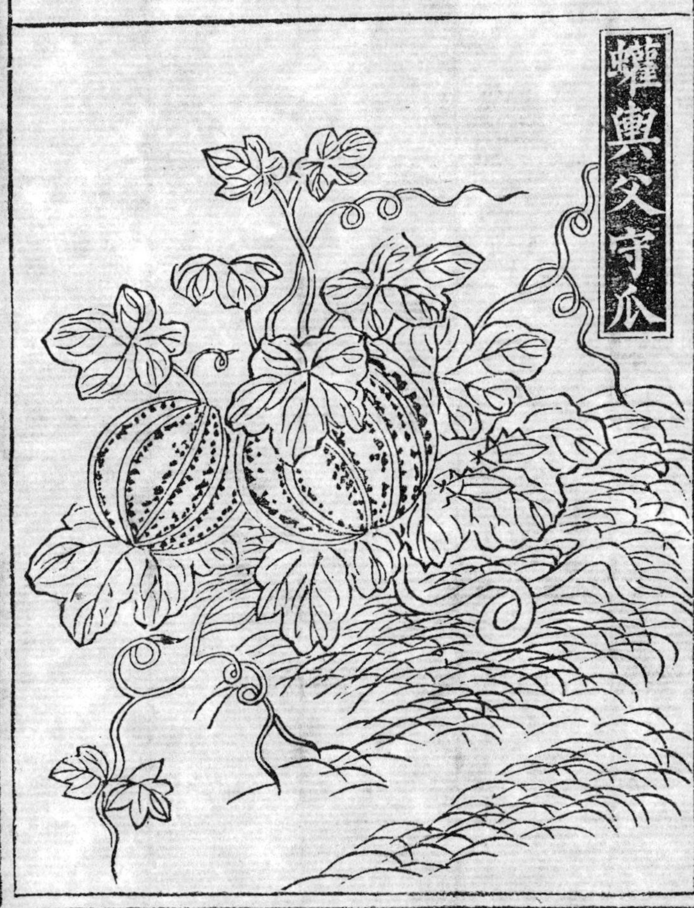
蠸輿父守瓜

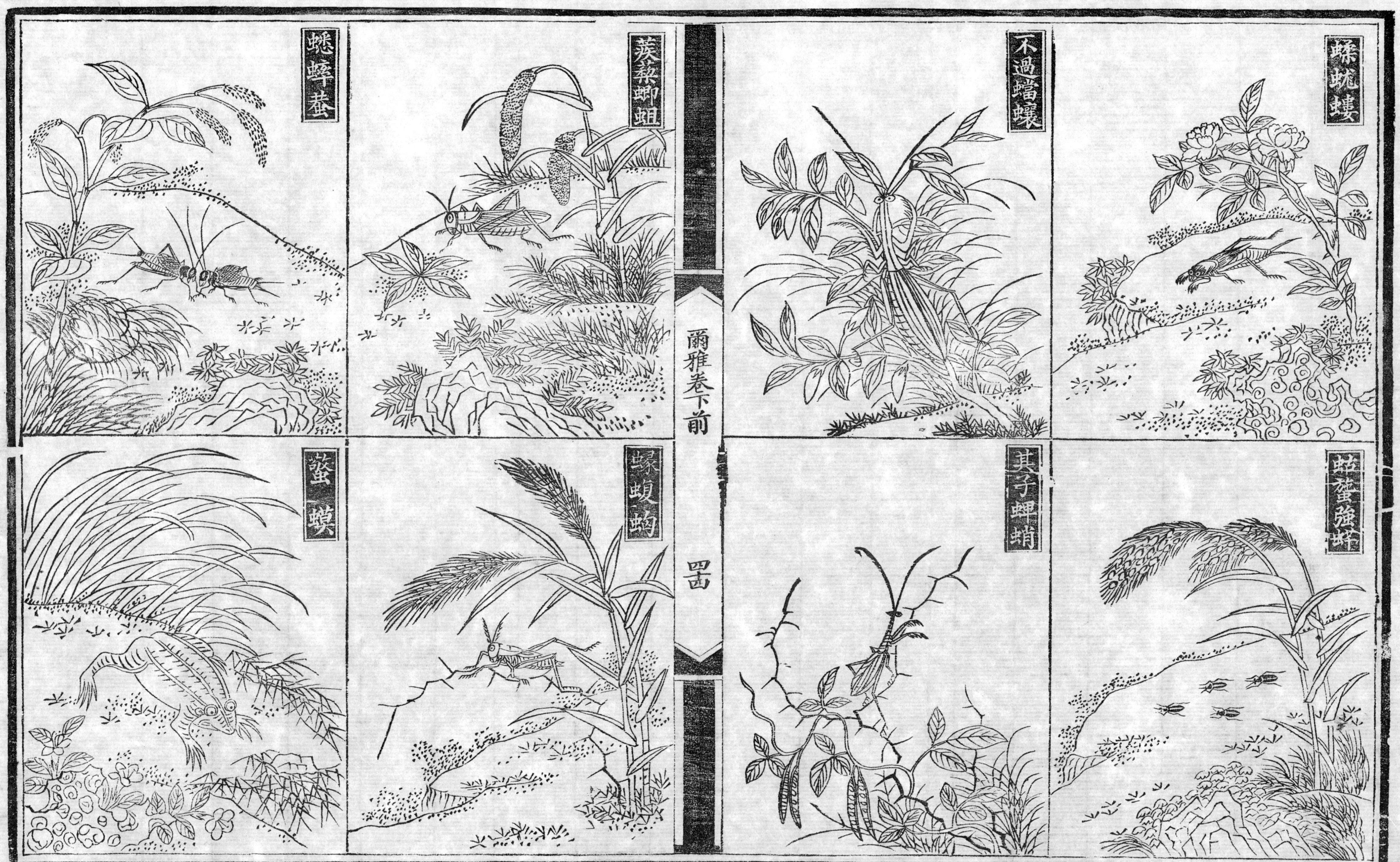
蟋蟀蛬
蒺蔾蝍蛆
不過蟷蠰
蝚蛖螻
蟼蟆
蝝蝮蜪
其子蜱蛸
蛄䗇強蝆

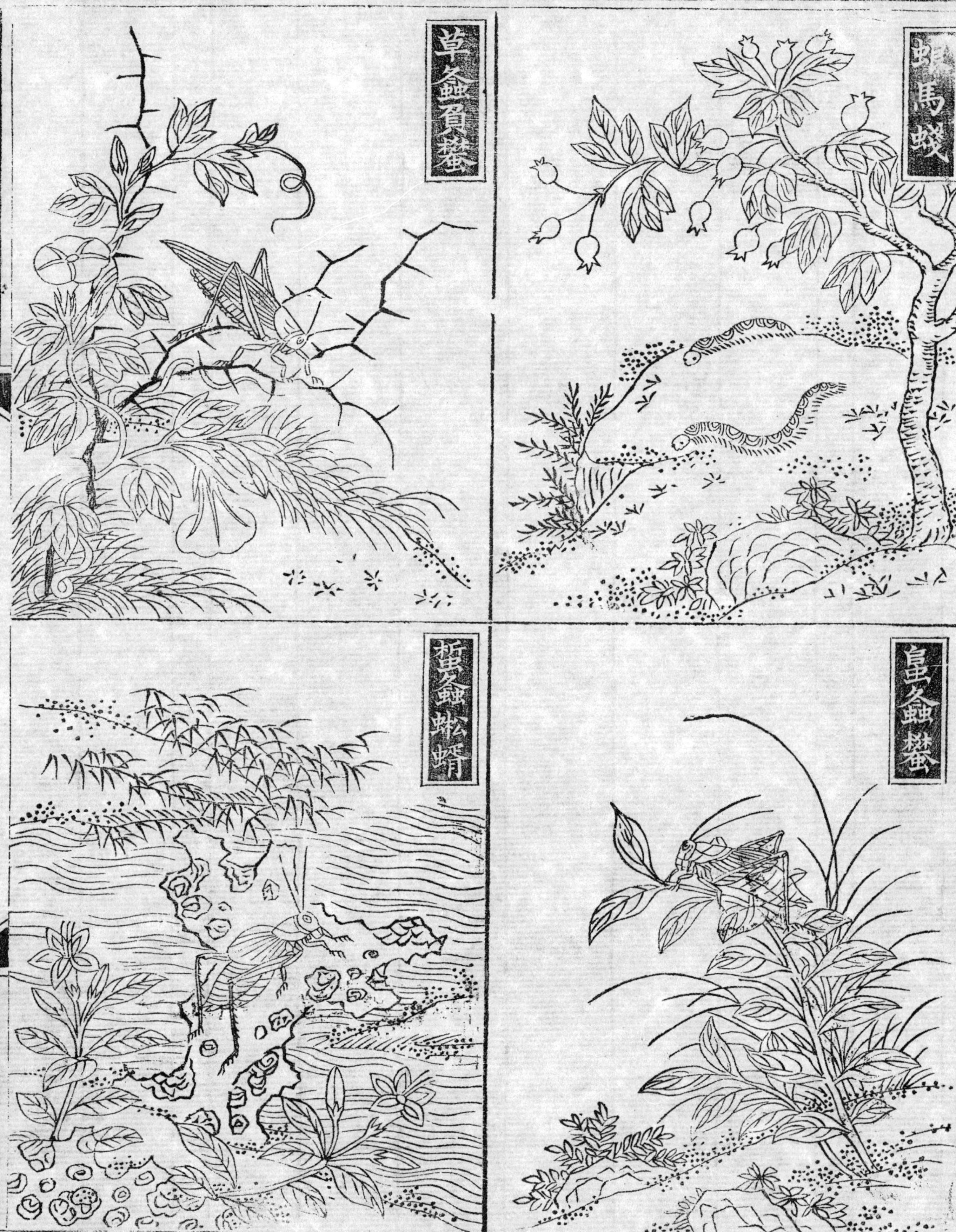
蛝馬蝬
草螽負蠜
阜螽蠜
蜤螽蜙蝑

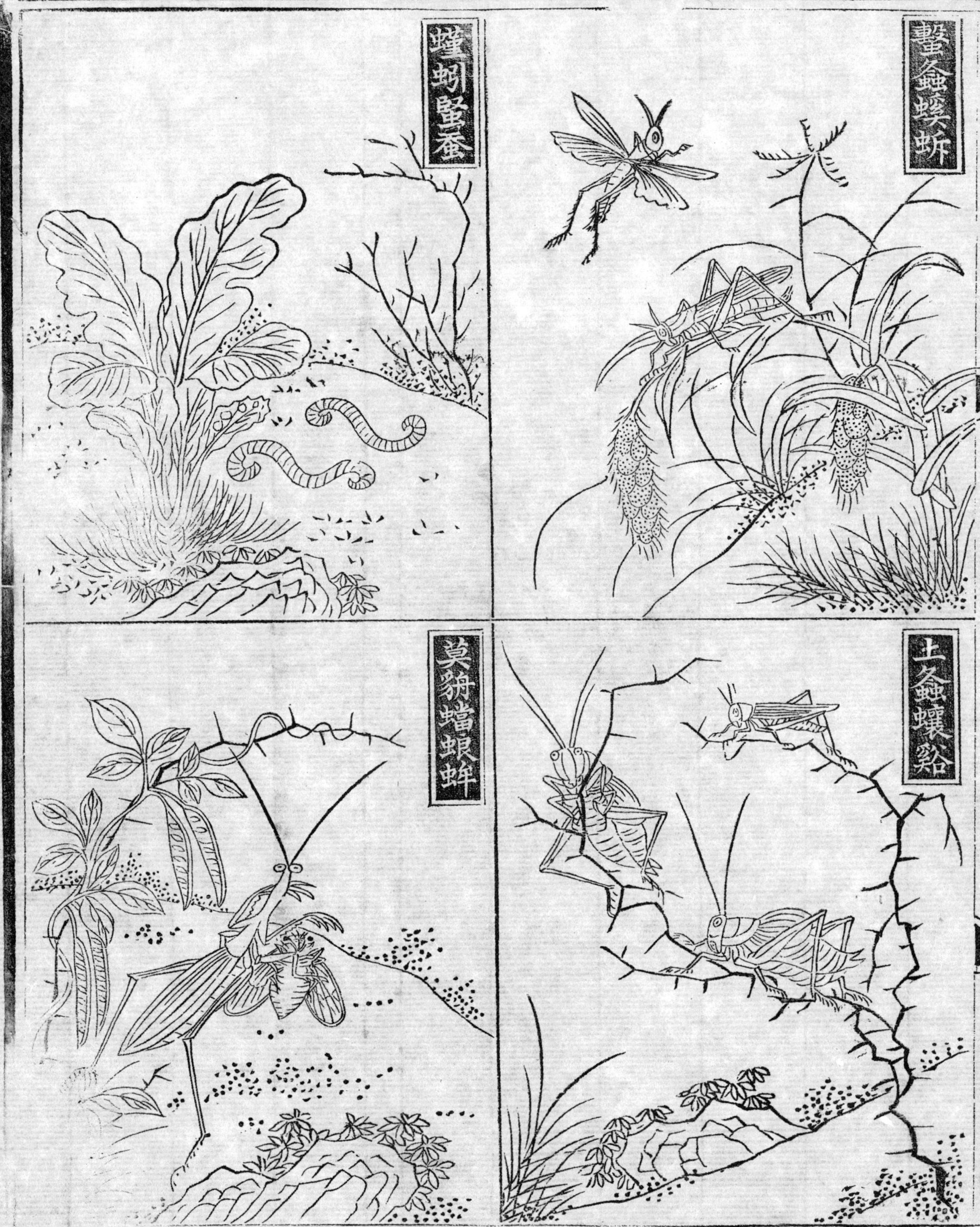
蟿螽螇蚸
螼蚓蜸蚕
土螽蠰谿
莫貈蟷蜋蛑

虰蛵負勞
蟔蛅蟴
蜭毛蠹
蟠鼠負

蟫白魚
翰天雞
蛓羅
強蚚

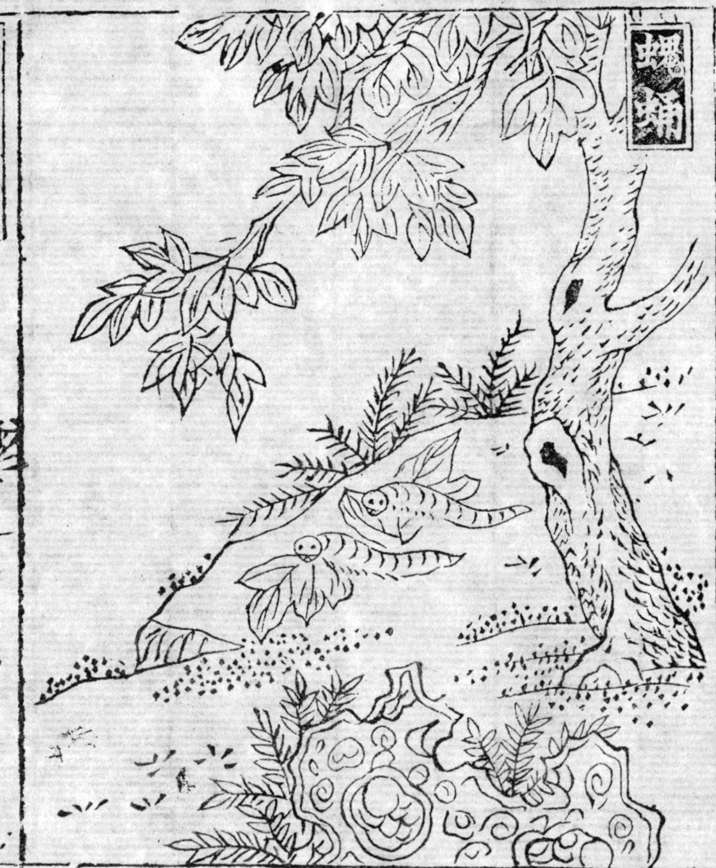
螝蛹

蜆縊女

蚍蜉大螘

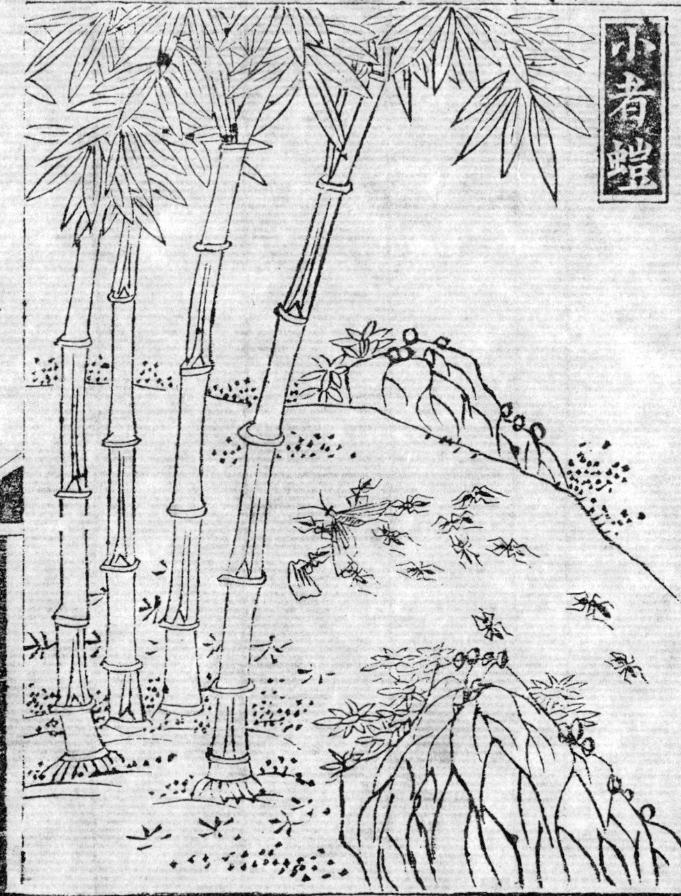
小者螘

蠪朾螘

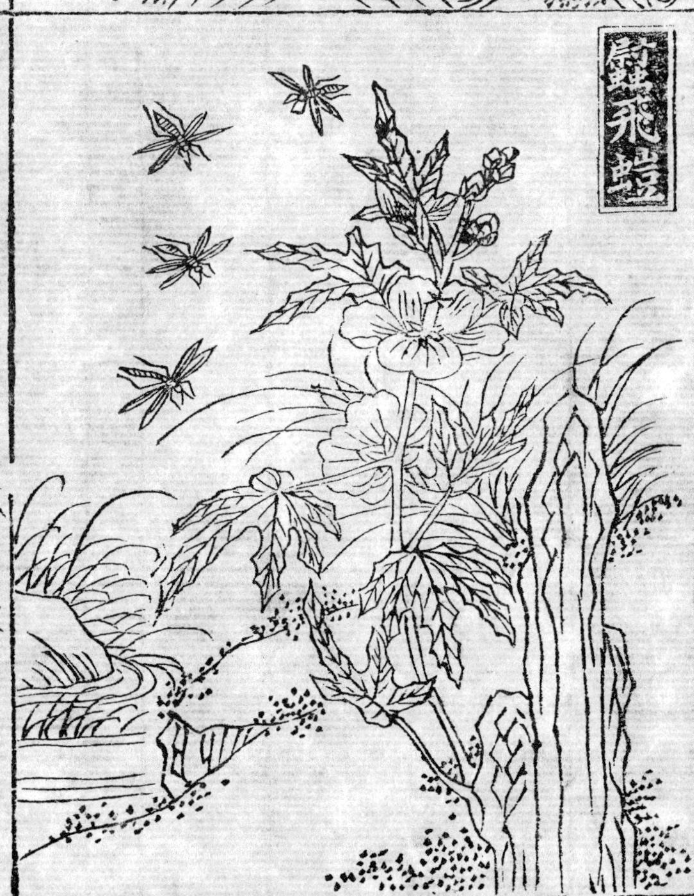
螱飛螘

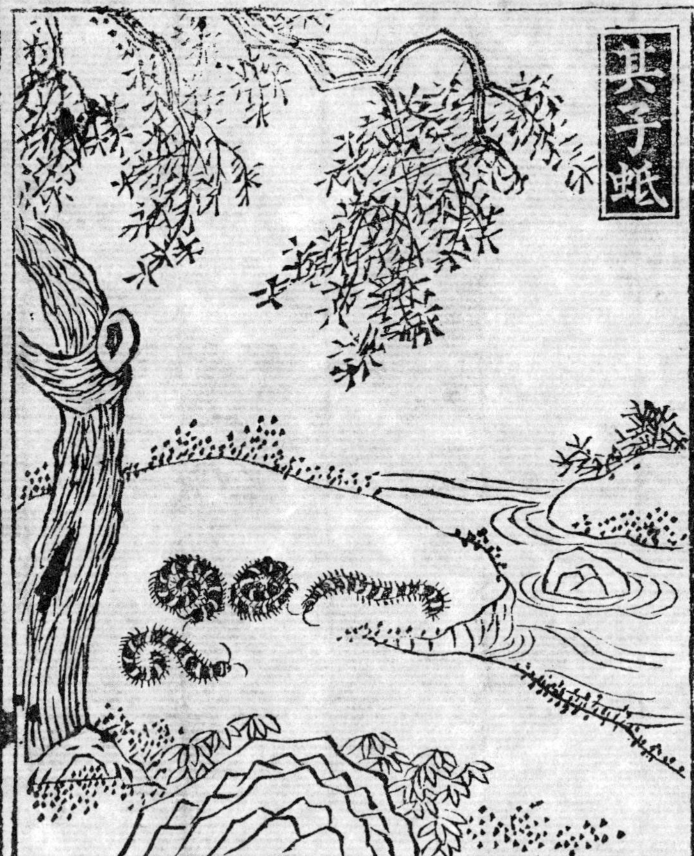
其子蚳

土鼅鼄

草鼅鼄

木蠭

土蠭

蟦蠐螬

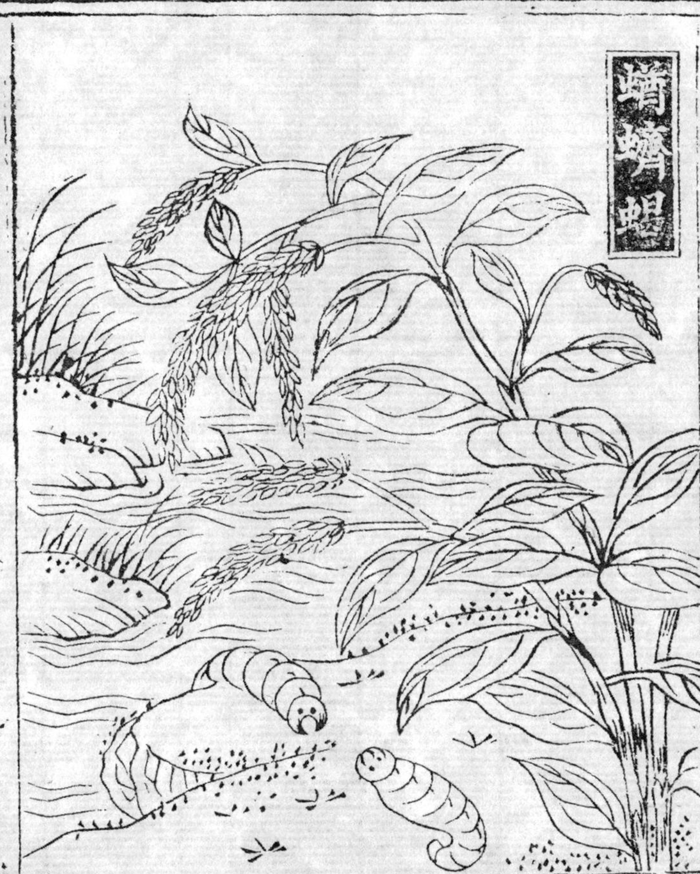
蝤蠐蝎

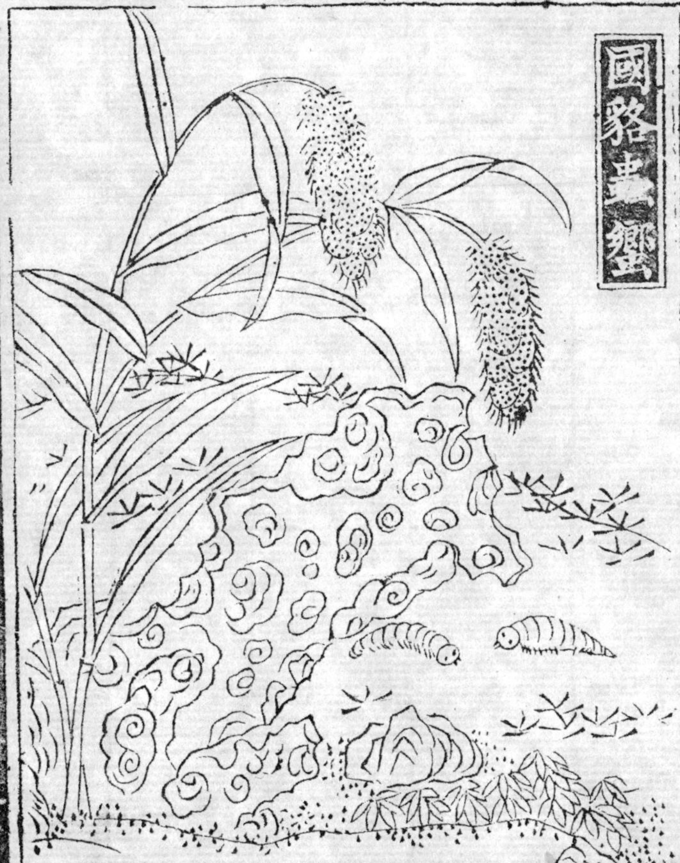
國貉蟲蠁

蟰蛸長踦

蠖蚇蠖

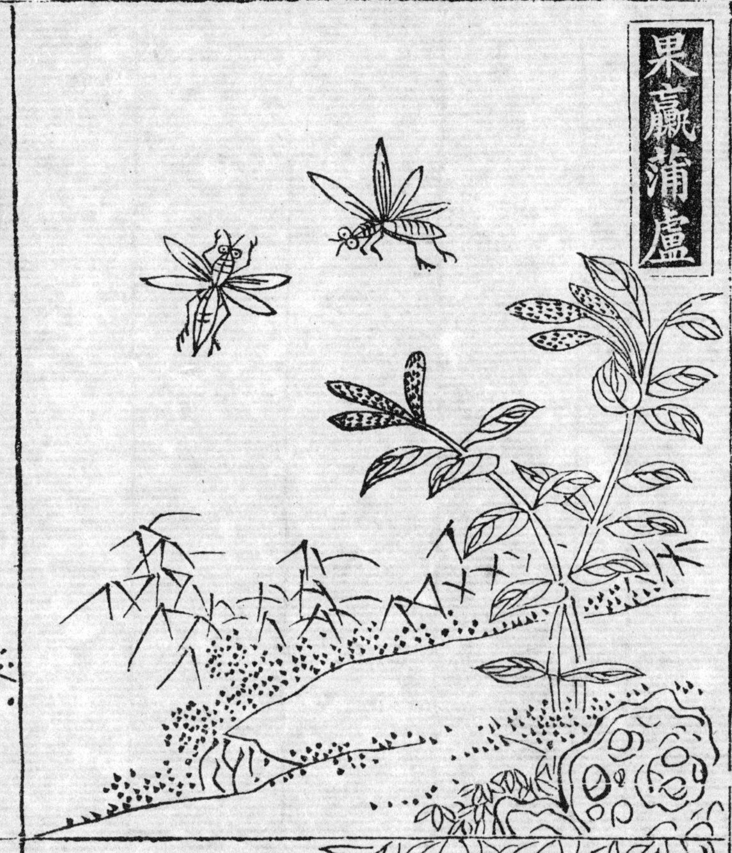
果蠃蒲盧

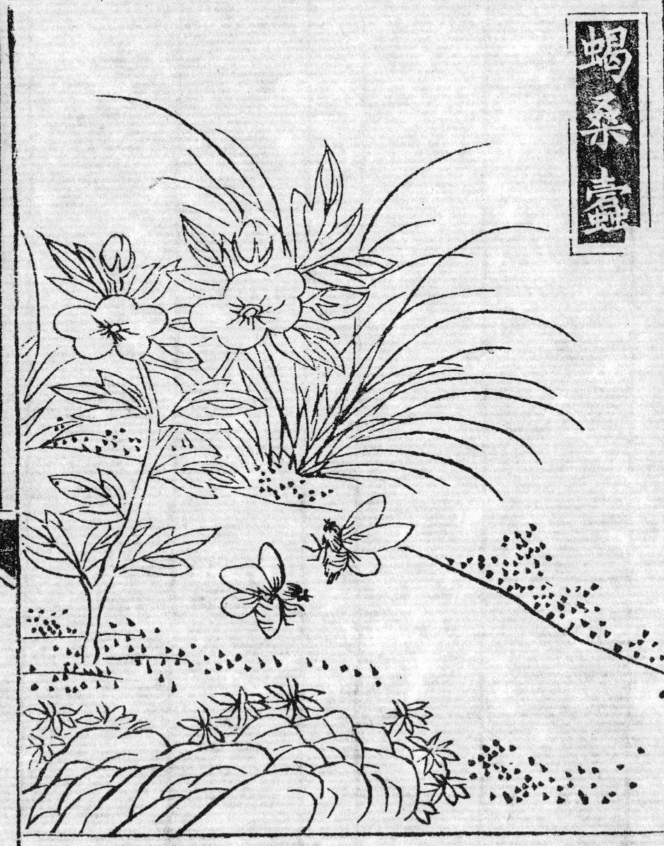
蝎桑蠹

螟蛉桑蟲

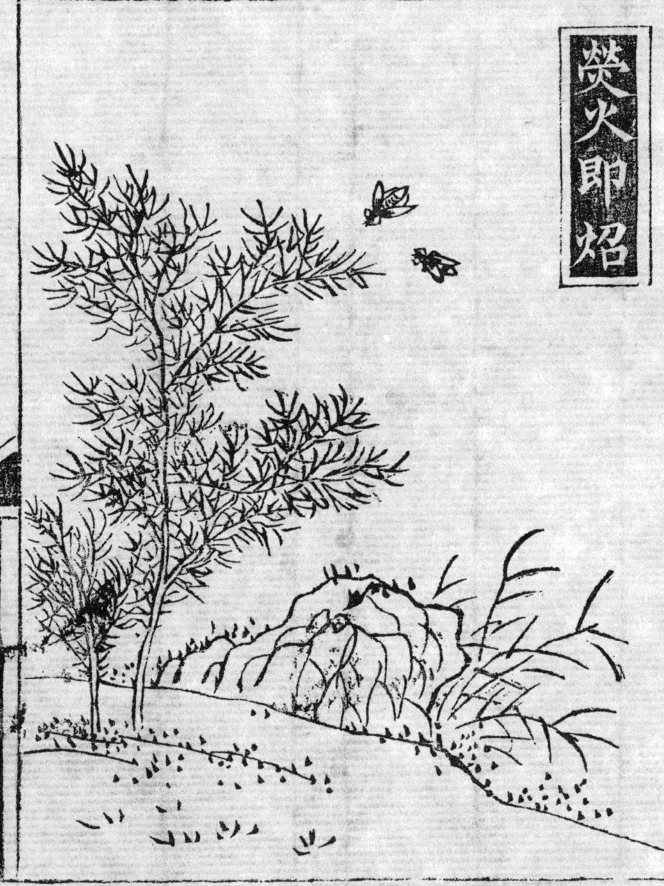
熒火即炤

蚅烏蠋

王蛈蜴

蠓蠛蠓

蟓桑繭

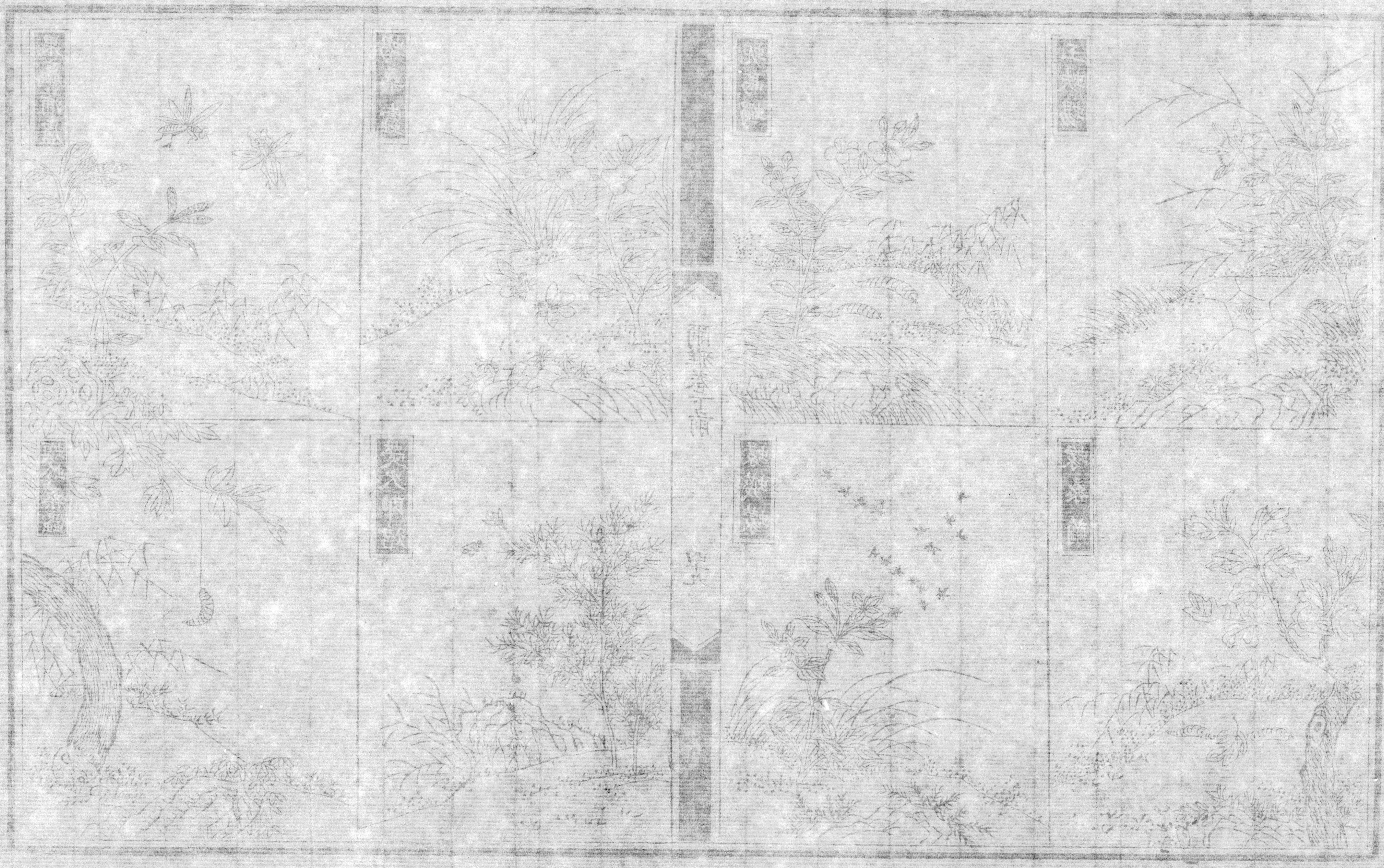

釋蟲第十五

螜音斛天螻螻蛄也夏小正曰螜則鳴蜚音費蠦音盧蜰蜰即負盤臭蟲蜰音肥螾
音引衙音演入耳蚰蜒蜩音調蜋蜩夏小正傳曰蜋蜩者五彩具螗蜩夏小正傳
曰螗蜩者蝘俗呼為胡蟬江南謂之螗蛦音夷蚻音札蜻蜻如蟬而小方言云有文者謂之螓夏
小正曰鳴蚻虎懸蠽音節茅蜩江東呼為茅截似蟬而小青色蝒音縣馬蜩蜩中最大
者為馬蟬蜺寒蜩寒螿也似蟬而小青赤月令曰寒蟬鳴蜓音挺蚞音木螇螰即蝭
蟧也一名蟪蛄齊人呼螇螰蛣音乞蜣音羌蜣蜋黑甲蟲噉糞土蝎音曷蛣蝠木中
蠹蟲蝠音屈蠰音餉齧桑似天牛長角體有白點喜齧桑樹作孔入其中江東呼為齧髮諸
慮奚相未詳蜉音浮蝣音遊渠略似蛣蜣身狹而長有角黃黑色叢生糞土中朝生暮
死豬好啖之蛂音別蟥音黃蛢甲蟲也大如虎豆綠色今江東呼黃蛢音瓶蠸音權輿
父音甫守瓜今瓜中黃甲小蟲喜食瓜葉故曰守瓜蝚音柔蛖螻蛖螻螻蛄類不
蜩王蚥未詳蛄𧊅音施強蛘今米穀中蠹小黑蟲是也建平人呼為蛘子音芉姓蛘音

謎不過蟷音當蠰蟷蠰螗蜋別名蠰音箱其子蜱音毘蛸一名蟳蟭蟷蠰卵也
蛸音消蒺蔾蝍音即蛆似蝗而大腹長角能食蛇腦蛆音苴蝝音緣蝮音復蜪蝗子
未有翅者外傳曰蟲舍蚳蝝蜪音陶蟋蟀蛬今促織也亦名青蛩蛬音拱蟼音驚蟆蛙類
蛝音閑馬䗃馬蠲蚐俗呼馬䗃䗃音棧蛗螽蠜詩曰趯趯阜螽音終蛗音阜蠜音煩草
螽負蠜詩云喓喓草蟲謂常羊也蟴音斯螽蜙音嵩蝑蜙蝬也俗呼蝑蟒蝑音胥蟿
音契螽螇蚸今俗呼似蜙蝬而細長飛翅作聲者為螇蚸音歷土螽蠰谿似蝗而小
今謂之土蝶螼音堇蚓蜸音遣蚕即䖤蟺也江東呼寒蚓莫貈音鶴蟷蜋蛑
螗蜋有斧蟲江東呼石蜋孫叔然以方言說此義亦不了蛑音謀虰音丁蛵音聲負勞或曰
即蜻蛉也江東呼狐黎所未聞蜭音剡毛蠹即蛓螺音墨蛅音然蟴蛓屬也今青州人呼
蛓為蛅蟴孫叔然云八角螫蟲失之蟠音煩鼠負瓮器底蟲蟫音淫白魚衣書中蟲一名
蛃魚䖸音娥羅蠶䖸螒音汗天雞小蟲黑身赤頭一名莎雞又曰樗雞傅負版未詳
強蚚即強醜捋蚚音祈捋蛶音劣螪音商何未詳螝音圭蛹蠶蛹蜆音演縊女

小黑蟲赤頭喜自經死故曰縊女 蚍蜉大螘俗呼為馬蚍蜉螘音蟻 小者螘齊人
呼蟻蛾蛘 蠪音聾 朾音丁 螘赤駁蚍蜉 𧒂音尉 飛螘有翅 其子蚳蚳蟻卵周禮曰
蜃蚳醬蚳音池 次蟗音秋 鼅音知 鼄鼅鼄鼄蝥今江東呼蝃蝥鼄音朱蝃音掇蝥音
謀 土鼅鼄在地中布網者 草鼅鼄絡幕草上者 土蠭今江東呼大蠭在地中作
房者為土蠭啖其子即馬蠭今荊巴間呼為蟺音憚 木蠭似土蠭而小在樹上作房江東亦呼為木
蠭又食其子 蟦音費 蠐螬在糞土中 蝤音由 蠐蝎在木中今雖通名為蝎所在異 蛜
威委黍舊說鼠婦別名然所未詳蛜音伊 蠨音蕭 蛸音肖 長踦小鼅鼄長脚者俗呼
為喜子踦音倚 蛭音迭 蝚音柔 至掌未詳 國貉蟲蠁今呼蛹蟲為蠁廣雅云土蛹蠁
蟲 蠖蚇蠖今蝍蝛蠖音岳 果蠃蒲盧即細腰蠭也俗呼為蠮螉 螟音冥 蛉音零
桑蟲俗謂之桑蝎亦曰戎女 蝎桑蠹即蛣𧐑 熒火即炤夜飛腹下有火 密
肌繼英未詳 蚅音厄 烏蠋大蟲如指似蠶見韓子 蠓音蒙 蠛蠓小蟲似蜹喜亂
飛蠛音滅 王蚨音迭 蜴即螲蟷似鼅鼄在穴中有蓋今河北人呼蚨蜴音湯 蟓音象 桑繭

食桑葉作繭者即今蠶 雔音仇 由樗繭食樗葉 棘繭食棘葉 欒繭食欒葉
蚢音杭 蕭繭食蕭葉者皆蠶類 翥音住 醜罅剖母背而生罅音夏 螽醜奮好奮
迅作飛 強醜捋以脚自摩搖 蠭醜螸垂其腴螸音俞 蠅醜扇好搖翅 食
苗心螟 食葉蟘音特 食節賊 食根蟊分別蟲啖食禾所在之名耳皆見詩
蟊音謀 有足謂之蟲無足謂之豸音雉

爾雅卷下前

秣陵陶士立臨字 當塗彭萬程刻